LA

PROPRIÉTÉ SOCIALE

ET

LA DÉMOCRATIE

PAR

ALFRED FOUILLÉE

PARIS

LIBRAIRIE HACHETTE ET Cie

79, BOULEVARD SAINT-GERMAIN, 79

1884

LA

PROPRIÉTÉ SOCIALE

OUVRAGES DU MÊME AUTEUR

Coulommiers. — Typ. Paul BRODARD et Cie.

LA
PROPRIÉTÉ SOCIALE

ET

LA DÉMOCRATIE

PAR

ALFRED FOUILLÉE

❦

PARIS

LIBRAIRIE HACHETTE ET Cie

79, BOULEVARD SAINT-GERMAIN, 79

1884

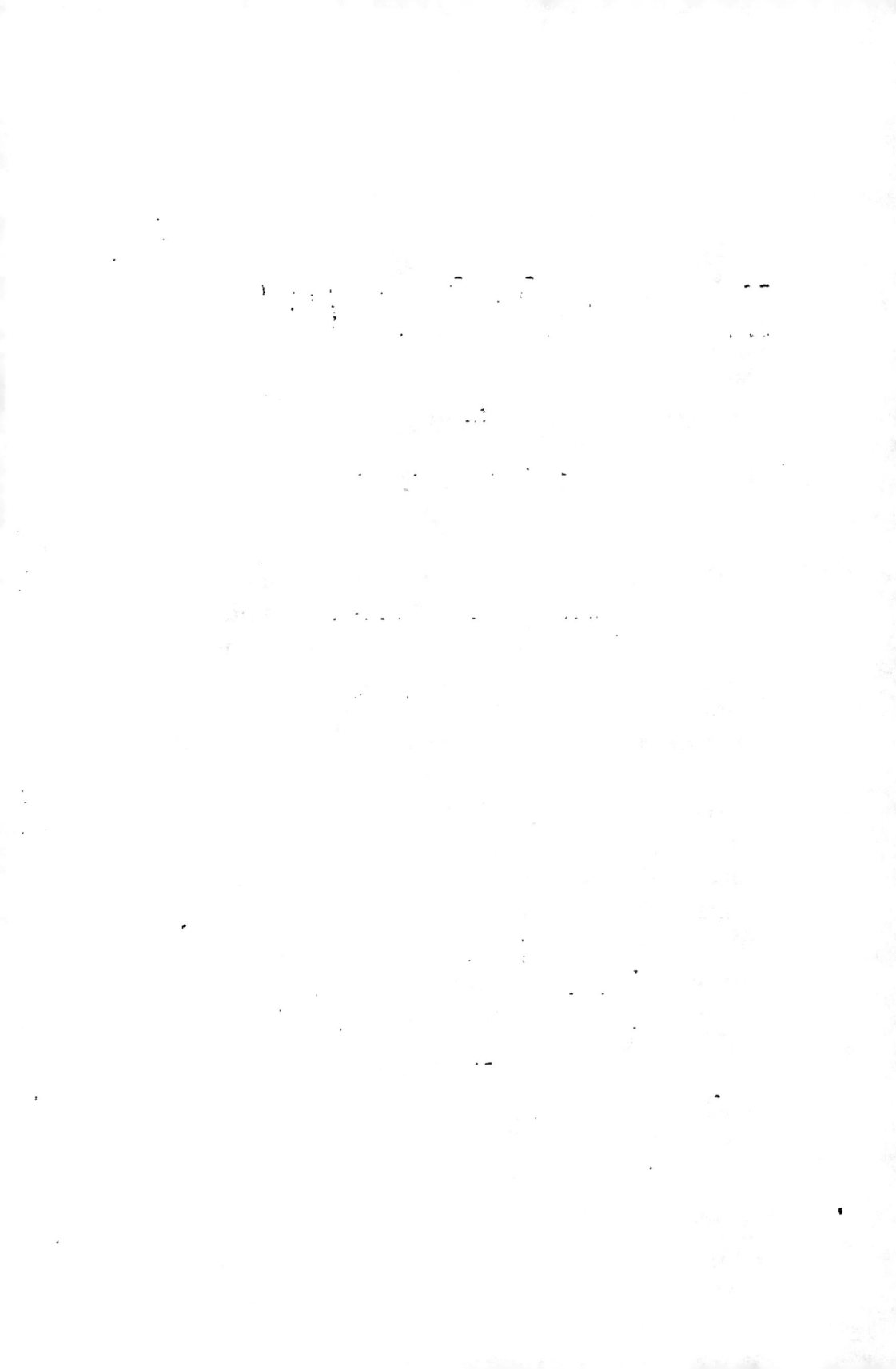

PRÉFACE

Ce livre a pour principal objet de montrer ce qu'il y a de faux dans les doctrines *absolues* sur la propriété. Les unes confèrent à la propriété un caractère absolument individuel, les autres un caractère absolument social. Selon nous, tout *produit* étant l'œuvre commune de l'individu et de la société, la propriété théoriquement considérée renferme à la fois une part individuelle et une part sociale; mais, dans la pratique, l'exacte mesure de ces parts et leur distribution selon la règle de la justice absolue, *suum cuique*, est une utopie qui a pour résultat l'injustice. Sans perdre de vue l'idéal, il faut s'en tenir dans la réalité à une mesure des parts toute relative, à des moyennes générales, à des conventions et à des contrats. En conséquence, l'individualisme exclusif et le socialisme sont des systèmes égalementment incomplets, qui ne voient qu'une face de la vérité.

Les socialistes regrettent les droits primitifs de chasser, de pêcher, de cueillir les fruits des arbres, de cultiver la terre ; ils se prétendent dépouillés aujourd'hui de ces droits communs à tous par les propriétaires et capitalistes. Nous montrerons que, si la propriété sociale et collective n'a plus les formes d'autrefois, elle subsiste cependant sous des formes supérieures. Déjà très agrandie, elle est capable encore de s'agrandir indéfiniment, sans qu'il soit besoin pour cela de supprimer la propriété individuelle. L'enfant qui vient au monde, dans les pays civilisés, trouve sans doute le sol entier déjà occupé et enclos de barrières ; mais, en revanche, il voit s'ouvrir devant lui un domaine autrement large et précieux que ne le serait tout un pays sauvage mis à sa disposition : c'est le domaine de la richesse collective, amassée par toutes les générations qui l'ont précédé. Il a ainsi un trésor social à sa portée ; par le travail, il peut y puiser de quoi vivre [1].

Si la richesse collective était bien employée par les gouvernements, elle pourrait constituer un fonds d'assistance et d'assurance universelles, une sorte de lac Mœris qui, après avoir reçu le

1. Voir livre premier.

trop-plein, pourrait en cas de besoin fournir le nécessaire. L'assurance organisée sur une vaste échelle nous paraît bien supérieure à la charité vulgaire, dont nous essaierons de montrer les inconvénients sociaux sans tomber dans les exagérations de Darwin et de Spencer [1].

Ce n'est pas tout; il est une autre espèce de propriété sociale à laquelle participent les nouveaux venus, dès qu'ils ont atteint l'âge de la majorité : c'est la *puissance politique*, qui s'exerce par le suffrage universel. A-t-on réfléchi que c'est là un capital de force mis à la disposition de tous, un pouvoir social distribué entre tous? Être citoyen, c'est avoir sa part de l'autorité législative, exécutive et judiciaire ; cette autorité est évidemment un bien collectif. On peut donc dire que le droit de suffrage est, dans les démocraties, une des formes de la propriété sociale. Mais il faut que cette propriété soit équitablement répartie au lieu d'être tout entière aux mains de la majorité. De là des questions difficiles dont nous aurons à faire l'examen. Les rapports de la démocratie et du socialisme sont un des problèmes qui inquiètent le plus, à notre époque, les esprits préoccupés de l'avenir [2].

1. Voir livre deuxième.
2. Voir livre troisième.

Enfin le capital collectif n'est pas seulement de l'ordre matériel et économique, ni de l'ordre politique; il est aussi de l'ordre intellectuel et moral. Dans les sociétés modernes, c'est le capital intellectuel qui tend à devenir la principale richesse commune; il est comme un sol nouveau mis par la société au service des intelligences, pour remplacer le sol de la terre déjà approprié et occupé. Produit du travail accumulé des siècles, l'instruction est « l'instrument de travail » universel pour les nouveaux venus; instrument utile à toutes les professions, flexible aux emplois les plus divers, qui permet par cela même aux travailleurs de trouver des ressources nouvelles quand les ressources habituelles font défaut. Cet instrument général du travail tend à devenir de plus en plus gratuit; il constitue une sorte d'héritage distribué par tous à chacun. A la formule utopique du droit au travail se substitue ainsi la formule pratique du droit à l'instruction [1].

En résumé, le citoyen des démocraties, en entrant dans la vie civile et politique, possède tout un patrimoine matériel, intellectuel, moral; si la société lui a enlevé certains droits des âges barbares, elle lui accorde en échange une part considérable des richesses accumulées par la civi-

1. Voir livre quatrième.

lisation : 1° capitaux collectifs et services publics; 2° pouvoir politique; 3° instruction intellectuelle et morale.

Ce sont ces trois formes de la propriété sociale que nous nous proposons d'étudier dans leur rapport avec les progrès de la démocratie. Le socialisme veut étendre le domaine de la propriété sociale jusqu'à y absorber entièrement la propriété individuelle; l'individualisme exclusif, au contraire, veut étendre la propriété individuelle jusqu'à y absorber la propriété sociale : il veut dessaisir l'État de tout ce qu'il possède ou peut acquérir. Contrairement à ces systèmes exclusifs, nous espérons montrer que les deux modes de la propriété, — individuel et collectif, — doivent s'accroître simultanément sans se détruire, et que cet accroissement progressif est la condition même de la vraie démocratie. En France surtout, la démocratie ne pourra vivre qu'à la condition de n'être ni socialiste, ni purement individualiste comme la république américaine, mais de maintenir et d'accroître, en face de la propriété individuelle, toutes les formes légitimes de la propriété sociale.

LA
PROPRIÉTÉ SOCIALE

LIVRE PREMIER

LE FONDS SOCIAL DE CAPITAUX ET LA PROPRIÉTÉ PUBLIQUE

INTRODUCTION

INSUFFISANCE DU SOCIALISME ET DE L'INDIVIDUALISME EXCLUSIFS

Toute proposition absolue est fausse : les sciences n'ont dû leurs progrès qu'à des vérités relatives dont les limites mêmes font l'exactitude. Pourquoi la géométrie est-elle une science rigoureuse? Parce qu'elle circonscrit méthodiquement son objet; elle nous aide ainsi à soumettre peu à peu la nature, bien qu'on ne rencontre dans la nature ni les lignes ni les surfaces parfaites des géomètres; elle nous permet de mesurer les choses, bien que le réel

1

en lui-même soit presque toujours incommensurable. Pour l'esprit humain, qui ne peut embrasser d'un coup d'œil l'infinie complexité des choses, il n'y a d'exact que ce qu'il rend exact lui-même en le délimitant. Il faut procéder de même dans la science la plus complexe de toutes, la science sociale, et surtout dans la plus complexe des questions, celle de la propriété. Aussi ce qu'il y a de moins scientifique dans le socialisme, ce sont les principes absolus sur lesquels il s'appuie et qu'il oppose aux principes, absolus eux-mêmes, de certains économistes étroitement orthodoxes. De part et d'autre, on s'en tient à une métaphysique abstraite qui érige en entité soit la Société, soit l'Individu; de part et d'autre on arrive à méconnaître les lois de la science sociale, qui sont une application des lois naturelles de la vie. Les uns sont pour les révolutions, les autres pour la conservation pure et simple de tout ce qui existe, tandis que le vrai principe scientifique est : évolution et progrès.

De mille manières les socialistes méconnaissent ce principe. En premier lieu, ils attribuent à la volonté de l'homme et à l'organisation sociale la responsabilité de tous nos maux, passés et présents; par cela même, ils attribuent aussi à la volonté de l'homme et au régime social la puissance de produire tous les biens qu'on peut rêver pour l'avenir. Or, cette responsabilité absolue et cette puissance sans limites sont deux choses également chiméri-

ques, également incompatibles avec la loi de l'évolution. Considérons d'abord la question de responsabilité. Faut-il dire avec les socialistes : « Notre
système social étant donné, nos misères sociales en
dérivent nécessairement ; donc il suffit de modifier le
système, et particulièrement le régime de la propriété, pour supprimer nos misères ? » — Non ; il faut
dire : Étant donnée notre nature humaine, héritage
du passé, c'est cette nature et son évolution historique
qui ont amené comme conséquences nécessaires *à la
fois* notre système social et nos misères sociales. En
d'autres termes, notre structure économique et les
maux qui l'accompagnent sont les effets communs
de la même série de causes inhérentes à notre nature ; le régime économique n'est pas, comme le
prétendent les socialistes, la vraie et unique cause
des maux de la société. De là une conséquence importante, qui est une première condamnation des
utopies socialistes. Il ne suffit pas, comme beaucoup
le croient, de modifier subitement le système social
et d'asseoir la propriété sur de nouvelles bases pour
supprimer du coup les maux de la société ; c'est la
nature humaine qu'il faut modifier peu à peu, en
l'éclairant par la science et en la moralisant par
l'éducation ; dans la même mesure on pourra modifier les lois, qui réagissent elles-mêmes sur l'état
social dont elles sont dérivées. Mais ce progrès
social demande du temps, beaucoup plus de temps
qu'un progrès purement politique. C'est là ce qu'on

oublie trop, surtout en France, où nous vivons encore des souvenirs décevants de notre Révolution. Une révolution politique porte principalement sur le mécanisme gouvernemental, plus superficiel et plus artificiel que l'organisation sociale et économique; aussi peut-on du jour au lendemain (non sans danger) modifier les rouages d'une machine politique, mais comment modifier avec la même rapidité les vivants organes d'une nation?

Le régime de la propriété, principalement, est bien moins extérieur et plus vital que la forme du gouvernement ou même de la législation. La propriété est une question de subsistance et de vie matérielle; M. Schæffle, l'ancien ministre d'Autriche, va jusqu'à dire avec énergie : « C'est une question d'estomac [1]. » Or, on ne modifie pas plus aisément la vie matérielle d'une nation que sa vie morale, et la statistique nous apprend avec quelle lenteur celle-ci s'améliore : tous les décrets de la volonté humaine et toutes les révolutions subites ne changeront pas d'une manière immédiate le nombre des crimes dans une nation, pas plus que celui des morts et des naissances; c'est seulement à la longue que les moyennes peuvent être alté-

[1]. M. Schæffle est l'auteur d'un savant ouvrage sur *la Structure et la vie du corps social*, d'où on a extrait un petit volume sur *la Quintessence du socialisme*. Avec M. de Lilienfeld et M. Spencer, M. Schæffle est un des philosophes qui ont contribué à établir que la société est un « organisme vivant, » soumis aux lois de la biologie. (Voir notre *Science sociale contemporaine*.)

rées, et elles le sont moins par les lois que par le progrès des mœurs et des intelligences.

La solidarité qui relie toutes les parties du corps social est si étroite qu'on ne peut porter la main sur un point sans produire un contre-coup sur tous les autres. Les révolutionnaires qui veulent modifier du jour au lendemain l'organisme social ressemblent, selon le mot de M. Spencer, à ceux qui voudraient enlever aux poissons leurs branchies, sous prétexte que les poumons sont un organe supérieur, ou qui voudraient les faire vivre hors de l'eau, sous prétexte que la vie terrestre est supérieure à la vie aquatique. Darwin nous l'a appris, c'est seulement par une lente sélection que se modifient les espèces vivantes.

Est-ce à dire que la vraie solution des problèmes sociaux soit une sorte de quiétisme fataliste : —. Laissez tout faire, laissez tout passer? — Non. Il y a deux devises, l'une est : changer, l'autre est : durer; loin d'être incompatibles, elles se supposent. La science de la vie nous apprend elle-même que, si les bouleversements trop brusques sont dangereux pour une espèce vivante, il y a un défaut non moins fatal : l'absence de flexibilité et d'adaptation aux nouveaux besoins, aux nouvelles conditions d'existence. Elle nous apprend aussi, comme l'histoire, que l'excès d'inégalité, dans une nation, est un manque d'équilibre qui introduit la division entre les diverses classes et compromet la vie de l'ensemble. Les possessions et les subsistances sont, pour le corps social, ce qu'est le sang pour l'organisme : il ne peut y avoir anémie sur un point, hyperhémie sur l'autre, sans qu'il en résulte fièvre et crise. Le paupérisme est produit par une sorte de *retard* des classes inférieures sous le rapport matériel et intellectuel : de là, pour un peuple, maladie et danger de dissolution. Des réformes progressives sont donc nécessaires pour empêcher les parties inférieures du corps social, c'est-à-dire les classes laborieuses, qui sont aussi les plus nombreuses, de demeurer toujours en retard sur l'ensemble, par conséquent toujours en souffrance. Le césarisme, sous toutes ses formes, n'est qu'un expédient passager qui provoque à son tour les réactions socialistes. On peut dire de l'humanité ce que Bacon a dit de la nature : « Il faut savoir la suivre pour lui commander, » et la politique est comme la science : *parendo imperat.*

En Angleterre et en Allemagne, les théories absolues et exclusives sur la propriété, en quelque sens qu'elles aient été soutenues, sont généralement abandonnées. Aux dogmes métaphysiques succèdent les analyses scientifiques. Les philosophes dignes de ce nom, dont la tâche est surtout, dans la science sociale comme dans les autres, de réunir les idées en une synthèse de plus en plus large, commencent à briser les cadres étroits des systèmes adverses sur l'organisation sociale. Stuart Mill, dans les

fragments qu'il nous a laissés, montre à la fois la
folie du socialisme révolutionnaire et l'imprudence
de ceux qui se refuseraient à toute amélioration
progressive de ce régime de la propriété si particulièrement inique en Angleterre et en Irlande, où
la comtesse de Strafford put expulser d'un coup
quinze mille fermiers de ses terres. Quoique Stuart
Mill se soit laissé lui-même séduire à des idées chi-
mériques, il a cependant reconnu combien il serait
déraisonnable de recourir au socialisme quand le
principe du système actuel, qui est la propriété individuelle, « n'a pas encore donné sincèrement ses
légitimes résultats et n'a été nulle part essayé dans
toute sa loyauté ». — « Ce dont nous avons plutôt
besoin, ajoute Stuart Mill, c'est d'un développement
progressif de ce système. Si le régime actuel méri-
tait vraiment de s'appeler un individualisme au bon
sens du mot, c'est-à-dire un régime réalisant une
rémunération proportionnelle pour l'effort de tous
les individus comme pour leur capacité, ce genre
d'individualisme serait-il donc si méprisable ? »
Spencer n'est pas moins éloigné que Stuart Mill
et d'une étroite orthodoxie économique et des héré-
sies socialistes : l'avenir nous laisse entrevoir, selon
lui, pour les questions sociales comme pour les
questions religieuses, une sorte d'église universelle
ayant pour foi commune des vérités scientifiques.
Sumner Maine, dans ses savantes études de jurisprudence, a montré les éléments variables que

renferme cette idée de la propriété dont une métaphysique trop dogmatique voulut faire une « catégorie » absolue de la pensée et de l'action. D'autre part, les philosophes et les métaphysiciens de l'Allemagne, au milieu de leurs rêveries transcendantes, de leurs visions désespérées sur l'avenir de l'humanité ou du monde, mêlent des espérances de réforme; le prophète du pessimisme lui-même, M. de Hartmann, en attendant la libération finale de l'univers, nous prédit une période de civilisation nouvelle et vraiment conforme à l'esprit de la science, où le capital et le travail seraient réconciliés. Chez nous enfin un mouvement analogue se produit : on commence à examiner scientifiquement les théories, au lieu de s'irriter contre les hommes; les économistes libéraux et sincères, même en demeurant fidèles à l'optimisme traditionnel de l'école, cherchent à unir plutôt qu'à diviser. Les philosophes ont la même pensée : ils abandonnent la métaphysique incomplète et superficielle de Victor Cousin sur la propriété, pour y substituer une analyse d'une rigueur plus scientifique; ils font, dans la science sociale, une part à plusieurs vérités que les réformateurs de notre siècle, au milieu de leurs utopies, avaient comme semées au hasard : ils comprennent que, dans l'efflorescence des idées et des systèmes sociaux qui ont principalement germé et grandi en France, il faut se garder, tout en élaguant l'arbre, de couper aussi les boutons à fruit.

Une théorie vraiment scientifique de la propriété devrait être aussi peu sectaire et aussi large qu'il est possible, égale en ses éléments aux éléments essentiels de la réalité même, capable comme la réalité de se compliquer indéfiniment dans ses conséquences sans se contredire et sans se détruire, capable aussi de concilier entre elles, dans leurs vérités relatives, les diverses doctrines soutenues jusqu'à ce jour. Les points culminants de ces doctrines ne sont peut-être pas aussi séparés qu'ils le semblent au premier regard. La science sociale est encore à ses débuts. Quand l'aube ne fait que poindre, il semble parfois que les sommets des montagnes, seuls éclairés, soient sans lien entre eux ni avec la terre, suspendus en l'air au-dessus des brumes de la nuit; mais, à mesure que descend la lumière, tout se rattache par la base, tout apparaît à la fois distinct et uni dans un même tableau.

La question que nous examinerons d'abord est celle d'où dépendent toutes les autres : « Quel est le fondement scientifique du droit de propriété? Ce droit est-il absolu et tout individuel, en est-il relatif et en partie *social*? » De cette question nous serons naturellement amené aux deux suivantes : « Quelle est la part légitime de l'individu? Quelle est la part légitime de la société ou *propriété sociale*? » Telles sont les questions de principes dont dépendent toutes les réformes en vue de la justice. En ce temps de crise et de difficultés pratiques, il n'est peut-être pas inutile de remonter aux principes, ne fût-ce que pour répondre aux sophismes de certains théoriciens qui raisonnent dans l'abstrait. Plus que jamais les problèmes sociaux s'imposent à ceux qui croient que, dans nos États modernes, la parole du vieil Isaïe est toujours vraie : « De la justice seule naîtra la paix. » Le régime de la propriété, à toutes les époques de l'histoire, est l'expression matérielle de la justice plus ou moins mêlée d'injustice qui règne à l'intérieur des consciences : c'est le droit réalisé et devenu visible.

CHAPITRE PREMIER

LE DROIT DE PROPRIÉTÉ — SON CÔTÉ SOCIAL.
RÉFUTATION DE L'INDIVIDUALISME ABSOLU.

Au point de vue d'une science exacte, la volonté
humaine soutient avec les objets extérieurs deux
espèces de relations. En premier lieu, elle réalise
au dehors une série de mouvements et d'effets
dont elle est la cause : par exemple, l'agencement
des pierres d'une maison, la forme nouvelle donnée
au bois, aux métaux, la fertilisation du sol, etc. Ce
sont, en langage économique, ses *produits*, qui, au
point de vue de la théorie évolutionniste, se réduisent à du mouvement transformé. En second
lieu, la volonté humaine trouve dans les objets
extérieurs — sol, pierres, bois, métaux — une
série de moyens qu'elle emploie à sa propre fin, à
son bien-être : ce sont ses *instruments*. La question
de la propriété se résume donc pour le philosophe
et le sociologiste dans ce problème essentiel :
« Quel est le droit de la volonté humaine sur les

produits et sur les *instruments* de son travail? »

Les philosophes de l'école individualiste ont cru généralement, avec Victor Cousin et ses successeurs, que la volonté possédait un libre arbitre absolu, par conséquent tout individuel et comme détaché du reste : *imperium in imperio*, et c'est sur ce libre arbitre qu'ils ont fondé leur droit absolu de propriété. La liberté de l'individu, disent-ils, étant entièrement maîtresse de ses déterminations, doit avoir l'entière propriété des produits de son travail. Par le travail, en effet, le libre arbitre de l'homme introduit dans le monde extérieur quelque chose d'absolument nouveau, qui peut être considéré comme étant encore le libre arbitre en action, le « prolongement » de la liberté. L'individu devient donc propriétaire des objets extérieurs par la même raison qu'il est propriétaire de soi-même. — Cette théorie pourrait donner lieu à bien des difficultés métaphysiques. Elle a cependant sa part de vérité. Il faut accorder à Victor Cousin, comme à Turgot, à Smith, à Say, à Bastiat, à Thiers, à M. Paul Janet, que, si une valeur nouvelle peut être *entièrement* créée par un individu, elle appartiendra de droit à cet individu, puisque sans lui elle n'existerait pas. Mais nous ferons observer que cette proposition est indépendante des systèmes métaphysiques sur le libre arbitre; il importe de ne point l'en faire dépendre et de l'établir sur une base purement scientifique. Les produits d'une activité soumise à des lois néces-

saires sont le « prolongement » d'elle-même tout
aussi bien que si elle était libre; ils sont encore elle-
même considérée dans ses effets; en les conservant,
c'est elle-même qu'elle conserve. Que la volonté soit
libre ou non, le travail et l'effort sont toujours la
volonté en action, produisant et emmagasinant le
mouvement dans ses œuvres. Selon les physiolo-
gistes, si je pense, je « transforme » en quelque
sorte du mouvement en pensée, puis de la pensée
en mouvement par le moyen du cerveau et des muscles. Si je travaille un objet extérieur, je lui transmets
le mouvement que j'ai développé par mon effort; j'y
emmagasine la force de mes muscles et celle de
mon cerveau : l'idée. En d'autres termes, le produit
du travail est soit la transformation, soit plutôt
l'équivalent extérieur de ma force intérieure, de
mon activité et de ma pensée. Certains économistes
allemands ont donc eu raison de dire que tout produit est du « travail cristallisé ». Tel est le principe
scientifique et supérieur à tout système qu'on peut
prendre pour point de départ et dont les formules
des métaphysiciens sont d'incomplètes expressions [1].

S'il en est ainsi, la propriété n'a pas seulement
pour base l'*utilité*, ni la *loi ;* elle a une base rationnelle. Il est « utile » assurément que la jouissance

1. On voit le lien étroit de ce principe avec la loi de la conservation de l'énergie, qui tend à dominer toute la science
moderne. Peu importe d'ailleurs qu'on admette la transformation véritable ou seulement l'équivalence et le parallélisme
des forces. Cette seconde hypothèse est la vraie.

du produit revienne au producteur, et la « loi » consacre cette utilité; mais, en même temps, il y a là un de ces rapports rationnels que demandait Montesquieu : le produit, en une certaine mesure, est encore le producteur lui-même.

Maintenant, peut-on conclure de ce principe très général l'individualisme exclusif ? Nullement. Si un homme, par son travail, pouvait créer quelque chose de rien et produire, par exemple, une moisson comme le Dieu de la Bible produisit la lumière, on comprendrait cette sorte d'absolutisme métaphysique que l'école individualiste attribue au producteur sur la chose par lui créée. Mais il n'en va pas ainsi. En appliquant à ses œuvres les lois universelles de la mécanique, l'homme produit la forme et non le fond, l'accroissement de fertilité du sol, non le sol ni les plantes. Dans toute propriété matérielle, il est clair qu'il y a une matière fournie par la nature. Les philosophes de l'école individualiste ne devraient donc pas se contenter, comme ils le font le plus souvent, d'établir la propriété de la forme ; ils devraient établir encore celle du fond. La forme est un objet de *production ;* le fond est un objet d'*occupation*, et c'est précisément le rapport de la forme au fond qui est le grand problème philosophique.

En présence du fond naturel, il y a, selon nous, deux droits en présence : l'un dont tous les philosophes et juristes ont parlé et qu'ils ont appelé le droit du *premier occupant;* l'autre, qu'ils ont presque tous négligé et que nous proposerions d'appeler le droit du *dernier occupant.* Le privilège conféré par la première occupation a un fondement rationnel, mais il a aussi une limite rationnelle. Son fondement n'est autre que le droit du *travail.* Quand un individu, quand une famille occupe un terrain ou emploie des objets qui n'appartiennent encore à personne, l'effort de la volonté change partiellement l'occupation même en un travail ; ses résultats acquis doivent donc être respectés dans de certaines limites.

Ces limites, c'est encore à l'idée du travail qu'il faut les demander. Elles dépendent des divers degrés de puissance productive et de fécondité créatrice qui appartiennent au travail : elles varient avec les diverses classes de produits. Dans certains objets, la forme est presque tout et la matière empruntée à la terre a une valeur très faible, parce qu'elle existe en grande quantité et que le difficile est de la façonner, non de se la procurer. Le premier sauvage qui exerça son droit d'occupation sur une pierre pour la tailler et en faire un outil ne créa, il est vrai, que la forme nouvelle donnée au silex, non le silex lui-même ; mais, comme la pierre, à cause de son abondance, était alors de valeur nulle, comme en outre la forme était inséparable du fond, il était légitime que la propriété de la forme entraînât celle du fond « par *accession* ». De plus, dans les sociétés primitives, par cela même qu'un homme s'attribuait le droit de façonner une pierre et de la garder pour son usage exclusif, il reconnaissait implicitement aux autres le même droit et renonçait à leur réclamer la pierre qu'ils auraient eux-mêmes façonnée. L'appropriation de l'un était donc, *en moyenne*, compensée par l'appropriation des autres. Il s'établit ainsi peu à peu une *convention* tacite pour négliger la valeur de la matière première là où elle était effectivement négligeable en moyenne. On en fit de même pour un instrument de bois, pour un bâton, pour une bêche, pour un arc formé d'une simple branche coupée dans la forêt.

Seulement, avec la civilisation, tout finit par être *occupé*, enclos de barrières, approprié par l'individu, par la commune ou par l'État; si bien que le droit des premiers occupants finit par annuler celui des derniers occupants. Par bonheur, plus la civilisation avance, plus augmentent dans les produits de l'industrie la valeur de la forme et la part du travail humain, individuel ou collectif, tandis qu'y diminuent la valeur du fond naturel et la part de la nature. Si, par exemple, un communiste prétendait prendre un thermomètre que j'ai construit, sous prétexte que le sable qui entre dans la composition du verre n'est pas mon œuvre, il ne pourrait réclamer que le thermomètre brisé, et alors qu'en ferait-il? Même en prenant les morceaux de verre, on prendrait encore un résultat du travail humain, car le verre ne se trouve pas tout fait dans le sol. De même, que ferait-on d'une montre brisée, d'un instrument d'optique, d'une pile électrique dont on aurait dispersé les éléments? Une foule d'objets sont de ce genre, principalement les objets manufacturés; ils ne peuvent guère servir que par la forme qu'on leur a donnée. Aussi les socialistes eux-mêmes, allemands ou français, ne font guère de difficulté pour accorder aux individus la propriété entière des objets où la forme est tout et pour reconnaître ici le droit du premier occupant. Mais bien des économistes, comme Bastiat [1], Carey et, de nos jours, M. Leroy-Beaulieu, ont conclu précipitamment de cette propriété à toutes les autres sans songer aux derniers occupants. C'est méconnaître des distinctions nécessaires. D'abord, même dans les objets où la matière est sans comparaison avec la forme, elle a cependant toujours une valeur chez les nations civilisées, puisqu'il n'y a pas une parcelle de terrain qui n'ait son propriétaire : le sable même et les pierres ont une valeur proportionnelle à la valeur du terrain d'où on les extrait. Tout ce qu'on peut dire, c'est que les objets du règne minéral

1. Voir les *Harmonies économiques* de Bastiat, que M. Leroy-Beaulieu appelle avec exagération « une des plus grandes œuvres philosophiques de ce siècle ». Selon M. de Laveleye, au contraire, Bastiat n'aurait trouvé aucune idée nouvelle et il aurait obscurci plusieurs idées avant lui élucidées.

sont restés en quantité à peu près suffisante et que la seule difficulté est encore de les extraire ou de les façonner. Mais les végétaux ou les animaux nécessaires à notre subsistance ne sont plus dans le même cas : l'homme est ici obligé, pour soutenir sa propre vie, de faire appel à d'autres êtres vivants et, en dernière analyse, aux forces nutritives du sol, dont il n'est assurément pas créateur; la nature, quoi qu'en dise Bastiat, fait en ce cas la partie la plus capitale de la besogne : elle réalise la vie, que nous ne sommes pas parvenus à réaliser dans nos laboratoires. L'individu ne pouvait donc primitivement s'approprier le sol d'une manière absolue pour cette seule raison qu'il y avait recueilli ou fait naître des fruits; le pêcheur ne pouvait s'approprier le lac entier parce qu'il y avait pris du poisson, ni le chasseur la forêt entière parce qu'il y avait tué du gibier. C'est là un point qu'il faut concéder à Stuart Mill. La terre nourricière est vraiment, à l'origine, le grand champ de bataille des prétentions opposées.

Nous ne saurions donc admettre les arguments par lesquels beaucoup d'économistes, pour démontrer le caractère exclusivement individuel de la propriété, s'efforcent de réduire presque à néant la part de la nature et de la terre au profit du travail humain. On nous répète, avec Bastiat, que la terre n'a point « une valeur naturelle indépendante du travail humain », et que « ce qui communique au sol une valeur, c'est le travail de l'occupant ou le travail *social* environnant [1] ». Entre Orenbourg et Orsk, on peut acheter quatre-vingts acres de terre pour 6 francs ; dans le Yarkand, un mouton gras vaut 40 ou 60 centimes ; pour 660 francs, une famille américaine peut acheter, aux États-Unis, quarante hectares de terre, etc. On ajoute, il est vrai, que « la valeur ultérieure de chaque terre n'est pas proportionnelle au travail dont elle a été l'objet, soit de la part des possesseurs, soit de la part de la société » ; on avoue que le célèbre épisode de Bastiat sur le Clos-Vougeot « n'est pas probant » ; la propriété des chutes d'eau, des mines, des terrains ayant une exceptionnelle situation ou une rare fertilité, « rapporte en général bien au delà du travail qu'elle a causé ». Ces diverses propositions nous paraissent difficilement conciliables : si la terre emprunte toute sa valeur « au travail humain », comment cette valeur n'est-elle pas proportionnelle à ce travail? Comment soutenir qu'une terre féconde n'a pas *en elle-même* plus de valeur qu'une terre stérile, un étang plein de poissons qu'un étang où le poisson ne peut vivre, et cela pour cette raison que le poisson ne vient pas, sans travail de notre part, se mettre tout seul à notre disposition? Dira-t-on aussi qu'une terre malsaine ou inaccessible pour nous à cause de son

1. M. Paul Leroy-Beaulieu.

éloignement vaut en soi une autre terre? Les colons,
qui cherchent à mettre en culture des terres vierges,
sont souvent décimés par la fièvre : il y a donc une
inégalité entre les terres, selon les conditions plus
ou moins favorables de culture , d'hygiène, de
proximité, etc. Pour que la terre fût sans valeur
propre, il faudrait qu'elle fût partout dans la
même relation avec la santé, la situation, le travail
humain, les débouchés, — ce qui est manifeste-
ment insoutenable. Négligeons, cependant, ces
différences, et accordons, contre la vérité, que
la terre n'a absolument aucune valeur avant que
« le travail social s'y applique, ou tout au moins
l'avoisine ». Qu'en faudrait-il conclure? Une seule
chose, mais elle est capitale : c'est qu'on doit
admettre, outre le fonds de la nature, une sorte de
fonds *social*, de terrain social qui constitue la plus
grande partie de la valeur du sol. Que devient alors
l'individualisme exclusif, si le « travail social » vient
s'ajouter au travail individuel? « A Winnebayo, où
le chemin de fer du Minnesota méridional a une de
ses stations, la terre qui, déjà exploitée, ne valait
il y a quelques années que 87 à 125 francs l'hectare, est montée, en 1879, à 500 ou 575 francs. C'est
le travail *social* qui est la cause de cette plus-
value [1]. » A la bonne heure! les terres de Winnebayo
sont donc non seulement un terrain naturel, mais

1. M. Paul Leroy-Beaulieu.

un terrain social, et l'individu qui prend possession de ces terres, par un moyen ou par un autre, prend aussi possession d'un certain fonds social. Les capitaux, qui sont devenus dans les sociétés modernes un nouveau champ de bataille, doivent eux-mêmes leur principale importance : 1° à la quantité de subsistances ou d'utilités qu'ils représentent ; 2° à la puissance sociale qu'ils confèrent. Ils symbolisent tout ensemble une partie du fonds naturel et une partie du fonds social, dont l'individu se trouve possesseur. Est-ce encore de là qu'on pourra conclure le caractère exclusivement individuel de la propriété? Si vous montrez que les prétendus « détenteurs du fonds naturel » sont en réalité détenteurs d'un fonds social, aurez-vous beaucoup servi la cause de l'individualisme?

Plus les économistes font la part large à la société humaine en face de l'apport fourni par la seule nature, plus ils *socialisent* pour ainsi dire la propriété, à laquelle ils veulent pourtant, avec raison, maintenir une légitime individualité. Les économistes ne sont-ils pas les premiers à nous apprendre que, depuis l'organisation de la société, chaque travailleur a des milliers de coopérateurs inconnus, les uns morts, les autres vivants? Celui qui a inventé la charrue laboure encore, invisible, à côté du laboureur. Gutenberg imprime encore tous les livres que lit le monde entier. L'idée survit dans le milieu social à l'intelligence qui l'a créée, comme le son d'une voix assez puissante pour se propager encore à l'infini après que la voix s'est tue. Qu'avons-nous donc qui nous appartienne absolument en propre et en entier, au point de vue rigoureux de la science pure? Bien peu de chose. Considérons, en premier lieu, notre existence *matérielle*. La biologie et la sociologie nous l'apprennent : nous n'existons que par d'autres, que par la famille, petite société qui elle-même s'est développée dans la grande, après avoir contribué à la former. La société est un véritable organisme dont nous sommes les cellules vivantes. En second lieu, la psychologie nous le montre, nous n'existons *intellectuellement* que par la société : la pensée est un langage, et le langage est la société même agissant sur nous, formant l'individu à son image, pour elle en même temps que pour lui. Chaque mot d'une langue, signe d'une idée, est la propriété collective de la race entière, transmise de génération en génération comme une pièce d'or dont les siècles n'ont pu effacer l'effigie. Les œuvres mêmes du génie individuel sont en même temps celles de la race; la fleur ne pourrait éclore sans la sève de l'arbre, que les racines puisent humblement dans le sol. « Le plus grand génie, a dit Gœthe, ne fait rien de bon s'il ne vit que sur son propre fonds. Chacun de mes écrits m'a été suggéré par des milliers de personnes, des milliers d'objets différents : le savant, l'ignorant, le sage et le fort, l'enfant et le vieillard ont collaboré à mon œuvre. Mon travail ne fait que combiner des éléments multiples qui tous sont tirés de la réalité : c'est cet ensemble qui porte le nom de Gœthe. » Aussi a-t-on toujours refusé de regarder comme purement individuelle et absolue la propriété scientifique, artistique, littéraire, industrielle : on considère qu'elle renferme un apport social, dont la société ne peut entièrement se désister. En troisième lieu, la science morale nous le démontre à son tour, nous n'existons *moralement* que par la société : les lois et les mœurs sont les conditions d'existence de la société même. Tout moraliste, en tant que tel, ne saurait être exclusivement individualiste : ne demande-t-il pas à l'individu l'abnégation, le désintéressement, au besoin le sacrifice en faveur de la société universelle; bref, ce que les plus récents moralistes anglais apellent la « piété sociale »? Ne commande-t-il pas à l'individu d'agir en vue du tout, et non en vue de soi-même? L'oubli de soi est une sorte de communauté morale. En même temps, la science positive des mœurs condamne ces âpres revendications des individus contre la société, ce perpétuel oubli de la solidarité historique, cet atomisme social qui veut dissoudre l'État en un agrégat d'individus sans lien organique, en un mot l'*anarchie* et le *nihilisme* de ceux qui méconnaissent les lois de l'organisation sociale. Les socialistes, dans leurs déclamations, invoquent la solidarité en leur faveur ; ils ne voient pas qu'on peut à bon droit l'invoquer contre leurs idées révolutionnaires et leur dire : — La société exige, avant tout, que vous respectiez ses lois et que vous ne prétendiez pas brusquer l'évolution générale au nom de votre intérêt particulier. La société n'est pas une juxtaposition d'égoïsmes séparés les uns des autres par un vide ; ce n'est pas comme un archipel composé d'une multitude d'îles ayant chacune un Robinson. Même dans l'île de la légende, Robinson et Vendredi furent plus à l'aise que Robinson tout seul, et leurs vingt ou trente successeurs beaucoup plus à l'aise que Robinson et Vendredi. Ainsi, à tous les points de vue, l'idée de solidarité vient compléter celle de liberté individuelle.

D'après ce qui précède, la propriété n'est pas un absolu ; elle renferme plusieurs parts que pourraient théoriquement réclamer des maîtres différents, s'il y avait un moyen de rendre à chacun exactement ce qui lui est dû. Notre part personnelle consiste dans la forme nouvelle par nous conçue et réalisée. Puis vient la part de la nature, qui consiste dans la matière par nous occupée. La nature pourrait dire à l'homme : « C'est toi, sans doute, qui as préparé le terrain et semé le blé, mais c'est moi qui l'ai fait germer, grandir et fructifier ; tu as eu pour collaborateurs la terre, l'eau fécondante, les rayons du soleil qui ont échauffé le germe, enfin le germe lui-même, travailleur silencieux, qui a accompli sa besogne d'abord dans le secret, puis au grand jour. Si tu as besoin de mes services, d'autres aussi en ont besoin. » Cette part de la nature vient se confondre avec une troisième part : celle que l'humanité entière pourrait réclamer. Si bien qu'en dernière analyse toute propriété, au point de vue philosophique, a en quelque sorte deux pôles : elle est en partie individuelle et en partie sociale. Il faut donc se défier de toutes les prétentions absolues, familières au dogmatisme de la métaphysique traditionnelle comme à celui de la métaphysique révolutionnaire : « Cette terre, disent les uns, c'est ma propriété absolue. — Cette terre, disent les autres, c'est la propriété absolue de tous. » Sur ce sujet, Ésope eût pu faire une fable. Une abeille ambitieuse s'attribuait tout l'honneur et toute la propriété de sa cellule; une autre, plus sage, lui répondit : « Aurais-tu pu la construire si tu n'avais eu pour point d'appui les autres cellules et pour guide l'instinctive géométrie de la race? Sans les cellules individuelles, point de ruche, et, sans la ruche commune, adieu les cellules individuelles! tout s'écroule. » Le même principe qui peut fournir le fondement de la propriété en montre ainsi la borne nécessaire, de même qu'en géométrie le mouvement d'un cercle autour de son diamètre engendre et limite tout à la fois la sphère qui en dérive.

CHAPITRE II

Nous venons de voir que l'individualisme absolu a tort de ne pas reconnaître dans la propriété quelque chose de social en même temps que d'individuel; maintenant, que faut-il penser des théories non moins absolues du socialisme?

Le socialisme, qu'on a pris pour une nouveauté, est au contraire une forme antique et encore barbare d'organisation. Les historiens récents, comme MM. Sumner Maine et de Laveleye, ont montré l'existence des institutions socialistes chez tous les peuples primitifs. Par là ils nous ont enlevé les idées trop étroites qui nous faisaient croire que le seul mode d'existence des sociétés est celui que nous voyons fonctionner autour de nous.

M. Sumner Maine, M. de Laveleye, M. Spencer, ont parfaitement décrit l'évolution historique de la propriété. A l'origine, le désir de s'approprier une chose et de la garder pour soi est un instinct que l'homme partage avec les animaux eux-mêmes : un chien se bat pour défendre l'os qu'il a enterré ou les habits dont son maître lui a confié la garde. Dans la lutte pour la vie, cet instinct fut une condition de supériorité et de « survivance », comme dit Darwin. Il était conforme à l'intérêt des hommes, au lieu de se battre et de s'exterminer entre eux, de laisser à chacun la possession de ce que chacun aurait produit ou acquis par son travail. Aussi cette possession, pour les objets mobiliers, par exemple pour les produits de la chasse, fut-elle de tout temps reconnue. Il est bien probable aussi que la possession des cavernes et des gîtes fut à l'origine individuelle ou familiale. Mais le sol ne tarda pas à devenir une possession de la tribu. Le territoire parcouru par les peuples chasseurs ou par les troupeaux des peuples pasteurs fut toujours considéré comme le domaine collectif de la tribu, qui, d'ailleurs, avait seule la force de le défendre. Même après que le régime agricole s'est établi, le territoire que la tribu occupe demeure encore souvent sa propriété indivise : on cultive en commun la terre arable comme on exploite en commun le pâturage ou la forêt. Plus tard, la terre cultivée est divisée en lots, qu'on répartit par la voie du sort entre les familles. On attribue aux individus l'usage temporaire, mais le fonds continue de rester le domaine collectif de la tribu ou de la commune, à qui il fait retour après un temps afin qu'on puisse procéder à un nouveau partage. C'est, comme on sait, le système aujourd'hui en vigueur sous le nom de *mir* dans les communes russes, sous le nom d'*almend* dans les cantons forestiers de la Suisse [1].

D'après Meyer, l'hébreu n'a pas de mot pour exprimer la propriété *foncière* privée [2]. Quoique M. de Laveleye ait exagéré sa thèse pour ce qui concerne la Grèce, comme l'a montré M. Fustel de Coulanges, il faut cependant reconnaître que, dans ce pays, une grande partie du territoire appartenait encore à l'État et le reste demeurait soumis à son pouvoir suprême. C'est à Rome que finit par apparaître, dans toute son extension, le domaine absolu sur le sol, le *dominium quiritaire*. Et encore, selon Mommsen, « l'idée de propriété, chez les Romains, n'était pas primitivement associée aux possessions immobilières, mais seulement aux possessions en esclaves et en bétail ».

Deux causes principales ont établi la propriété foncière individuelle : d'abord le régime militaire, puis le régime industriel. Le régime militaire a produit nécessairement l'inégalité des classes, surtout celle des conquérants et des conquis. La terre, comme toute autre dépouille, devient un butin, et

---

1. Voir, outre le livre de M. de Laveleye, celui de M. de Mackensie Wallace sur la Russie. — Sur les organisations analogues de l'Inde, voir Sumner Maine, *Village's Communities East and West*.

2. *Die Rechte der Israeliten, Athener und Rœmer*, I, 362.

sélon le caractère de la nation conquérante, elle est
tout entière la propriété du despote vainqueur ou en
partie celle de ses guerriers à titre de bénéfice. La
conquête crée donc un droit de propriété absolu sur
le sol, et commence à « individualiser » la propriété.
Mais celle-ci ne devient complètement individuelle
qu'à une nouvelle période de l'évolution humaine :
la période industrielle. Le travail, en effet, tend alors
à devenir la vraie mesure de la valeur et de la propriété ; l'échange, en établissant la liberté des trans-
actions entre les individus, exige des droits de plus
en plus individuels sur tous les objets échangeables,
même sur la terre. Enfin, comme les mesures et la
monnaie servent à l'achat et à la vente de la terre,
la terre s'assimile sous ce rapport à la propriété
personnelle produite par le travail, et finit par se
confondre avec cette dernière pour tout le monde.
Tel est le moment de l'évolution auquel se trouvent
arrivées les sociétés civilisées, et qui est une période
d'individualisme. Dans tous les pays musulmans, la
terre est cependant encore considérée comme appartenant à l'État qui l'a conquise. C'est un axiome du
droit britannique que tout le sol de l'Angleterre est
la propriété de la couronne, c'est-à-dire des conquérants, et que les propriétaires n'en sont que les
concessionnaires à titre gracieux [1].

Il reste toujours à savoir si le socialisme est

1. *Comment. of Blakstone*, liv. II, ch. v.

conforme à la tendance des sociétés futures ; problème qu'on ne peut résoudre par l'histoire. Si donc nous passons de la question de fait à celle de droit, seule importante, pouvons-nous accorder aux partisans de la propriété collective leur hypothèse fondamentale ? — Selon cette hypothèse, qui remonte jusqu'aux pères de l'Église, la terre et tout ce qu'elle renferme appartiendrait de droit à la société avant d'appartenir en propre à l'individu : « L'usurpation, dit saint Ambroise, a fait la propriété privée. » Il resterait donc à la société un « domaine éminent », un droit de propriété sur la terre, antérieur au droit de l'individu sur ses fruits. Tel est le droit que s'attribue encore aujourd'hui la couronne d'Angleterre. C'est le communisme primitif érigé en théorie.

Dans cette vague métaphysique, on abuse de l'ambiguïté des termes. Autre chose est de prétendre que tous les hommes possèdent la terre « en commun », autre chose de reconnaître que la possession particulière de l'un ne doit pas entraver injustement la possession particulière des autres. Pas plus que l'individu, la société comme telle ne crée de toutes pièces la terre et les instruments de travail ; il ne suffit pas de personnifier la tribu, l'État, l'humanité, pour lui conférer un droit de « domaine éminent ». Le communisme absolu et initial est aussi faux et aussi abstrait que l'individualisme absolu. L'accepter, ce n'est pas seulement supprimer en principe la propriété individuelle ou familiale, c'est supprimer aussi la propriété nationale : c'est prétendre que la terre de France n'appartient pas aux Français plus qu'aux Allemands ou même aux Chinois, que le sol est le patrimoine de l'humanité entière, et non seulement de l'humanité présente, mais de l'humanité à venir. Traduisez les expressions symboliques de l'*humanitarisme* dans les termes de la réalité, vous en reviendrez à dire simplement que la propriété a une portion individuelle et une portion collective, et que le problème social est de limiter le droit de chacun par le droit de tous. Enfin, comme le droit de tous a pour représentant l'État, la question positive que nous devons maintenant aborder consiste à déterminer, au point de vue du juste et de l'utile, les attributions économiques de l'État.

Il y a, comme chacun sait, trois grandes fonctions économiques : production, distribution et consommation. On peut classer les systèmes socialistes selon la part qu'ils veulent attribuer à l'État dans chacune de ces opérations essentielles. Il existe d'abord un communisme absolu qui voudrait les « socialiser » toutes les trois : non seulement on produirait en commun les richesses, mais la consommation même serait collective et l'État ferait le partage. Un tel communisme serait, a dit Proudhon, « le dégoût du travail, l'ennui de la vie, la suppression de la pensée, la mort du moi ». Puis vient le communisme mitigé, comme celui de M. Schæffle,

qui voudrait simplement *socialiser* la production,
c'est-à-dire changer l'État en une vaste association
coopérative, possédant en commun le sol et les
capitaux. C'est là, selon M. Schæffle, la « quintessence du socialisme contemporain ». On nous représente ce système comme plus conforme à la justice
et à l'utilité que le régime actuel ; mais d'abord, la
justice veut que toute association soit libre et que
les volontés, en s'unissant, gardent leur indépendance, au lieu de s'absorber entièrement dans une
communauté despotique. Quant à l'utilité, elle est ici
d'accord avec la justice. Dans une société coopérative d'une médiocre étendue et ayant un objet bien
déterminé, les coopérateurs peuvent sans doute avoir
plus de zèle et déployer plus d'intelligence qu'un
salarié à la journée : c'est qu'alors l'augmentation de
produit résultant d'un meilleur travail ne se perd
pas sur une étendue sans limites. Mais, quand on ne
coopère que pour un quarante-millionième, quand
on n'est qu'un numéro dans un total énorme, l'effet
se perd dans la masse et l'individu dans l'État [1].
Alors les forces productrices, au lieu de se décupler,
se déciment. Tous les hommes deviennent des fonctionnaires accomplissant une tâche plus ou moins
machinale. Ce serait là la fin de tout progrès industriel : aurait-on intérêt à perfectionner les pro-

---

1. Un socialiste catalan, M. Ruban Donaden, de Figueras,
disait : « Je voudrais être appelé non plus Ruban Donaden,
mais le numéro 2 300 de Figueras, ma ville natale. »

cédés de fabrication, si chacun recevait un traitement? La concurrence, à côté des maux qu'elle produit, a cet avantage d'être un procédé de *sélection* qui force au progrès. A cette concurrence des intérêts le socialisme serait obligé de substituer « l'émulation du travail », une sorte de concurrence utopique des vertus. « Aussi longtemps, dit M. Schæffle lui-même, que le socialisme n'offrira rien de plus pratique, il n'aura pas d'avenir. » En d'autres termes, aussi longtemps que les hommes ne seront pas des sages ou des saints, le socialisme n'aura pas d'avenir.

Il y a d'ailleurs, contre l'ingérence de l'État dans la production, une objection préalable que méconnaissent les socialistes. L'État ne peut intervenir avec profit que là où se trouve à remplir quelque fonction qui soit : 1° générale et constante, 2° mécanisable en quelque sorte. L'État convient mal pour tout ce qui est flexible, variable, pour tout ce qui exige une intelligence pratique, du tact, un esprit d'accommodation aux circonstances : un corps administratif est le plus souvent sans initiative, sans intérêt, sans responsabilité; il ne peut être vraiment producteur.

Enfin les socialistes et collectivistes, dans leur État imaginaire, oublient toujours l'existence réelle des autres États rivaux, ainsi que la nécessité de lutter avec eux dans l'industrie. En ce moment, la concurrence étrangère ne cause chez nous que des

ruines partielles : si l'État, en France, se chargeait
de diriger la production et ne réussissait pas dans la
concurrence européenne, ce serait pour nous la ruine
totale. Le socialisme ne pourrait exister que chez un
peuple isolé, se suffisant pour produire tout ce dont
il a besoin, protégé contre ses voisins par une sorte
de muraille chinoise.

Reste la troisième opération économique, qui est
la distribution des richesses. C'est sur ce point
qu'une certaine intervention de l'État est le plus
admissible. En effet, si la production et la consommation sont individuelles dans leur essence, l'échange
et la circulation des valeurs, ainsi que la répartition
des instruments de travail, sont par définition même
des relations sociales, dans lesquelles il y a toujours
des tiers intéressés; on comprend donc mieux ici
l'intervention d'un pouvoir régulateur. Faut-il pour
cela attribuer à l'État ce qu'Aristote appelait la
justice *distributive?* Faut-il faire de l'État une sorte
de Dieu distribuant les produits proportionnellement au travail et fixant la valeur des objets? Cet
idéal socialiste est encore une utopie. D'abord, dans
la distribution des produits, par quelle évaluation
scientifique déterminer ce qui est dû à chacun?
Puis , comment trouver pour les échanges une
mesure absolue de la valeur, indépendamment de
l'offre et de la demande ou du libre contrat? Le
socialisme contemporain nous propose pour mesure
absolue de la valeur le *temps* de travail, « la moyenne

des journées de travail. ». Peut-on imaginer une
mesure moins homogène, plus grossière? « Et cependant, dit M. Schæffle, cette idée est le véritable
fondement théorique du socialisme. » M. Schæffle
reconnaît que cette idée a besoin d'être entièrement
modifiée, car « la valeur des richesses est réglée
non pas seulement d'après les *frais*, mais aussi
d'après la *valeur d'usage*, c'est-à-dire d'après l'ur-
gence et l'importance du besoin ». Ajoutons que la
mesure du *temps* ne donne pas la mesure encore
plus nécessaire de la qualité, ni la mesure morale
de l'effort ou celle du talent. Newton, en une minute,
peut faire plus d'effort intellectuel ou moral et produire plus pour l'humanité qu'un terrassier en toute
une journée; nous n'avons pas de dynamomètre
pour l'effort intellectuel, encore moins pour l'effort
moral. La science, pour séparer les couleurs élémentaires qui concourent à former la lumière blanche,
a inventé le prisme; mais quel prisme permettrait à
l'État-providence de discerner, dans les résultats du
travail à la surface de la terre, la part exacte de
chaque personne? Comment évaluer, dans tout produit, l'apport de l'individu et l'apport social?
· Nous sommes donc obligés d'en revenir à l'idéal
plus pratique de la justice « commutative » et contractuelle, où l'autorité de l'État est mise au service
de l'égale liberté pour tous. L'État, sans prétendre
distribuer lui-même *à chacun* selon ses œuvres,
assure l'équité *générale* de la distribution et la justice

des contrats. Il est le grand modérateur qui doit tenir la balance égale entre les libertés, entre les droits, entre les pouvoirs; il est l'arbitre en cas de conflits; il est l'intermédiaire entre un citoyen isolé et une association, entre une association et une autre, entre les particuliers et la nation, entre les associations particulières et la société entière, enfin entre les générations présentes et les générations à venir. En un mot, il est le garant de tous les *droits* et le mandataire des *intérêts* véritablement *généraux.*

Ainsi réduit, le rôle juridique et économique de l'État est encore considérable. A-t-il été jusqu'ici compris et exercé dans toute son étendue, au profit des droits de tous et des intérêts de tous? Nous ne le croyons pas. Selon la plupart des économistes, tels que M. Leroy-Beaulieu, « l'État et les villes n'ont point le *devoir* de faire des sacrifices pour rendre plus égales les conditions humaines; ils n'en ont pas même le *droit* ». M. Leroy-Beaulieu ajoute, il est vrai, que « rien ne leur interdit, par des prêts ou par d'autres mesures qui ne coûtent rien au contribuable, de venir en aide à l'amélioration du sort des classes laborieuses ». C'est déjà une importante concession; mais le rôle attribué à l'État par les économistes nous paraît encore trop restreint. Le tort commun des économistes, à nos yeux, est précisément de croire que l'État n'a ni le *devoir* ni le *droit* de faire des sacrifices pour rendre moins inégales les conditions humaines. Nous avons vu au contraire et nous verrons de nouveau plus loin que l'État ne saurait être indifférent aux droits des derniers occupants : la société entière a des devoirs d'assistance et de protection envers eux ; ce n'est pas de sa part charité pure, mais justice réparative [1]. Comme représentant de la justice, l'État doit rendre parfaitement libre et même faciliter autant qu'il le peut l'accession de la propriété aux nouveaux occupants, car la propriété représente, dans nos sociétés modernes, l'indépendance personnelle : il y a un certain équilibre des possessions et des pouvoirs personnels nécessaire à l'égalité réelle des droits civils ou politiques. Point de vrai droit, a dit Guizot, sans le pouvoir de l'exercer, et point de vrai pouvoir sans garantie : la meilleure des garanties est l'indépendance attachée à la possession. L'État, sans doute, ne peut *assurer* à tous des possessions effectives, mais il doit *favoriser* la circulation et la répartition entre tous des premiers instruments de travail, soit matériels, soit intellectuels. Tout en respectant le caractère individuel de la *production* et de la *consommation*, l'État a donc, selon nous, le devoir et le droit d'agir sur le phénomène social de la *circulation* , d'en supprimer toutes les entraves légales, d'en aider même l'essor et d'en assurer la régularité par des moyens posi-

1. Voir livre suivant.

tifs. Ce qui n'est pour les économistes qu'une fonction possible et licite de l'État est à nos yeux, en principe, une fonction nécessaire et obligatoire. C'est pour cette raison qu'il doit ouvrir des communications de toute sorte entre les citoyens, afin qu'ils puissent entrer en relation les uns avec les autres pour produire, échanger, consommer. C'est pour cette raison qu'il a le droit d'intervenir dans la question des routes, des postes, des télégraphes, des monnaies, des échanges internationaux, — toutes choses qui sont vraiment des services *publics*. C'est pour cette raison surtout qu'il doit répandre largement l'instruction générale et professionnelle, car l'instruction est l'instrument de travail par excellence dans les sociétés modernes; c'est le premier capital, le premier fonds social mis à la disposition des nouveaux venus. Parmi les instruments de travail intellectuel, on peut ranger les informations statistiques, tous les renseignements propres à éclairer l'industrie et le commerce, à guider les ouvriers et les patrons : ce sont là, pour tous, des moyens de se diriger et de se rencontrer non moins indispensables dans les pays civilisés que l'éclairage des rues aux frais du public.

Voilà, en son ensemble, la tâche régulatrice de l'État; les applications particulières sont une question de mesure, de sagesse, d'opportunité. Les économistes veulent que l'État s'abstienne presque partout, les socialistes qu'il se mêle de tout; nous croyons qu'il faut distinguer ce qui est vraiment du domaine de l'État et ce qui n'est pas de sa compétence. Il serait d'ailleurs utopique de vouloir déterminer avec la précision d'un géomètre la sphère de l'État : les droits à sauvegarder sont généraux, et l'action de la société ne peut être elle-même que générale ; elle s'exerce sur des *masses* et des *moyennes* ; elle est un système de balance et de compensation nécessairement variable. Soyons donc en garde contre les systèmes simples et absolus , contre les solutions que certains politiciens prétendent improviser « en un quart d'heure ». Notre objet principal, dans cette étude, est de poser des principes, non d'entrer dans le détail des applications ; il est cependant nécessaire d'indiquer en quel sens il nous semble légitime de tenter des réformes pratiques, par quelle méthode générale on pourrait remédier aux abus qu'entraîne le régime de la propriété.

CHAPITRE III

Nous devons d'abord passer en revue les principales causes d'accumulation des richesses, qui, selon les critiques du régime actuel, compromettent la liberté du grand nombre au profit des privilégiés. La première cause d'accumulation, — celle dont Stuart Mill s'est préoccupé à l'excès et dont se prévaut souvent aussi M. de Laveleye, — c'est le phénomène de la *rente* foncière ou de la plus-value. Selon Ricardo, cette plus-value accroît sans cesse la valeur des terrains. Par l'effet de la rente, le propriétaire, outre ce qui lui est légitimement dû pour son travail ou pour le loyer de ses capitaux, reçoit encore, d'après Ricardo et Stuart Mill, un bénéfice dû à deux causes extérieures : 1º la valeur intrinsèque et croissante de la terre ; 2º la valeur nouvelle que les relations sociales apportent aux produits, soit par un surplus de demande, soit par un accroissement de population sur

un point, soit par de nouveaux débouchés. On a
calculé que chaque immigrant qui débarque dans
le territoire des États-Unis augmente de quatre
cents dollars environ la valeur de la terre : chaque enfant qui vient au monde produit absolument
le même effet que l'immigrant qui met le pied sur
le rivage américain ; par le seul fait de sa présence,
il ajoute une plus-value de quelques millésimes à
chaque hectare de terre de son pays natal [1].

Le phénomène de la rente ou de la plus-value
croissante est beaucoup plus frappant aujourd'hui
pour la propriété foncière urbaine que pour la
propriété rurale. En trente ans, dans la Seine, la
valeur des terrains non bâtis a plus que décu-
plé [2]. Au centre des villes, on arrive à payer les
terrains de 1 000 à 3 000 francs le mètre, c'est-à-
dire trente mille fois la valeur d'une terre arable. Qu'a fait le propriétaire du terrain, demande
M. Leroy-Beaulieu, pour s'attribuer la totalité de
cette *valeur sociale*? (car c'est bien là une valeur
sociale dans toute la force du mot, une valeur due
à l'activité collective, à la prospérité collective).

---

1. Voir une étude de M. Charles Gide, sur *la Propriété
foncière*, dans le *Journal des économistes*, 1884. M. de La-
vergne, dans son *Économie rurale de l'Angleterre*, estime
la plus-value annuelle pour l'Angleterre à 1 pour 100; la
valeur du sol doublerait par période de soixante-dix ans
environ. En France, l'accroissement plus lent de la population ralentit celui de la plus-value.

2. Voir le *Bulletin de statistique et de législation comparée*,
mai 1883.

Qu'a-t-il fait, le propriétaire de terrains, « si ce n'est attendre et s'abstenir de bâtir [1] »? Consultez, dit M. Henri George [2], un homme pratique qui sache comment l'argent se gagne et dites-lui : « Voici une petite ville qui débute; dans dix ans, ce sera une grande cité; les chemins de fer auront

1. Des fortunes colossales se sont faites de cette façon, après un acte d'accaparement du sol dans la périphérie d'une grande ville, par la simple force d'inertie qui a soustrait pendant longtemps des terrains aux constructions et qui a maintenu des îlots nus au milieu d'une ville grandissante. A New-York. on a vu une famille, la famille Astor, gagner ainsi une fortune que l'on évalue à quelques centaines de millions, uniquement parce que, New-York étant située dans une île, un ingénieux et prévoyant ancêtre des Astors actuels avait pris la précaution d'acheter presque tout le territoire non bâti de l'île. « A Paris, de considérables fortunes ont été faites dans les mêmes conditions : l'accaparement suivi de l'abstention prolongée. » En Angleterre, la propriété du sol des districts nouveaux des grandes villes appartient souvent à quelque lord, et les constructions doivent lui faire retour en même temps que le sol dans un certain nombre d'années. On a vu chez nos voisins, dans le mois de janvier 1880, le singulier spectacle d'une ville de plus de dix mille âmes, aux environs de Rochdale, vendue à l'encan et adjugée à un simple particulier. (Voir M. Leroy-Beaulieu, p. 185, 190.) Le marquis de Westminster doit la meilleure partie de son immense fortune à des terrains donnés à bail par ses ancêtres, à l'état de terrains vagues, et qui lui sont revenus avec un quartier de Londres bâti dessus.

2. M. George, de San Francisco, où il a vécu trente ans, est venu donner à Londres des conférences pour soutenir sa théorie. Il a publié en Angleterre une édition populaire de son livre, qui se distribue par milliers d'exemplaires. On a remarqué avec raison que la plus vive attaque contre le régime actuel de la propriété nous est venue précisément de ce *Far-West* américain où les économistes invitaient ironiquement les communistes à prendre possession des terres non appropriées.

remplacé les diligences et les lampes d'Edison les réverbères. Je voudrais y faire fortune : pensez-vous que dans dix ans le taux de l'intérêt se soit élevé? — Nullement, répondra le conseiller. — Pensez-vous que les salaires du travail journalier se soient élevés? — Loin de là; les bras ne seront pas plus recherchés; selon toute apparence, ils le seront moins. — Alors, que dois-je faire pour faire fortune? — Achetez pomptement ce morceau de terrain et prenez-en possession. Vous pouvez ensuite vous coucher sur votre terrain; vous pouvez planer au-dessus en ballon ou dormir dessous dans un trou, et, sans remuer le doigt, sans ajouter un iota à la richesse générale, dans dix ans vous serez devenu riche. Dans la cité nouvelle, il y aura un palais pour vous. Il est vrai qu'il y aura aussi probablement un hospice pour les pauvres. » Le résultat de la spéculation sur les terrains, quand elle sort de ses limites légitimes, est la cherté croissante des loyers, qui devient pour les travailleurs un fardeau de plus en plus lourd. On peut diriger beaucoup de critiques contre le remède extrême proposé par le professeur Wagner, de Berlin : rachat de la propriété urbaine par les municipalités et par l'État; les économistes reconnaissent pourtant que ce moyen n'est pas par lui-même « directement opposé aux principes de la science économique, l'État ayant le droit d'expropriation dans l'intérêt public ». Selon M. Leroy-Beaulieu « on pourrait même admettre le rachat, par les municipalités ou par l'État, sous la forme de l'expropriation publique, des terrains *non bâtis*. Quand une ville naît ou qu'elle s'étend, il n'y aurait que de minces inconvénients à ce que, en ouvrant de larges voies, elle acquît tous les terrains vagues qui les avoisinent et à ce qu'elle les revendît ensuite par parcelles aux enchères, avec l'obligation de bâtir *dans un délai déterminé*... Les municipalités profiteraient ainsi de la plus-value des terrains éloignés. » Nous approuvons fort ce procédé, mais avec une restriction importante. M. Leroy-Beaulieu a-t-il raison de vouloir que l'État et les villes, après avoir acquis les terrains vagues, les « revendent par parcelles aux enchères », au lieu d'en conserver la propriété et de les affermer simplement pour soixante, cent et cent vingt ans? Les idées de M. de Laveleye semblent ici bien plus plausibles. Nous verrons tout à l'heure M. Leroy-Beaulieu accepter lui-même ces idées sur un point qui n'est pas sans analogie avec le précédent; pourquoi donc ne pas réserver à l'État et aux municipalités le profit de la « plus-value » dans l'avenir comme dans le présent? Ce serait un des moyens les plus légitimes, d'abord pour empêcher en partie l'immobilisation de la propriété urbaine et la faire *circuler* en quelque sorte; puis, chose capitale, pour ménager à l'État des bénéfices destinés à diminuer d'autant les impôts et à permettre des œuvres philanthropiques.

Une autre mesure encore qui pourrait être prise

par les municipalités ou par l'État, ce serait d'imposer les terrains des villes d'après leur valeur réelle, ou du moins d'après une estimation approchant de leur valeur réelle. On empêcherait ainsi la concentration exclusive aux mains des spéculateurs et la soustraction des terrains à la construction. « Un terrain valant 1 000 francs le mètre devrait payer l'impôt sur un revenu de 30 ou 40 francs. » Les autres réformes que M. Leroy-Beaulieu propose sont, assurément, un *minimum*, d'autant plus précieux à noter que ce sont là les propositions d'un des plus modérés parmi nos économistes, d'un de ceux que l'on a appelés « les économistes *tant mieux!* » Le développement des voies de communication urbaines et suburbaines, la suppression de tous les impôts sur les transports, sur les fourrages, sur les matériaux, la prolongation des chemins de fer dans la capitale, permettraient à la population ouvrière d'habiter des maisons confortables dans un rayon de deux ou trois lieues du centre de Paris : le terrain n'y valant guère plus de 1 ou 2 francs le mètre, ou bien encore au maximum 4 ou 5 francs le mètre, il serait aisé d'y établir des maisons ouvrières, sur le type de celles de Mulhouse ou sur le type des habitations d'artisans dans les principales villes d'Amérique. La baisse de l'intérêt du capital, la suppression ou la réduction à un taux insignifiant des droits de mutation, les prêts d'institutions de crédit foncier populaires, auxquelles serait réservé l'avantage de pouvoir émettre des emprunts à lots, faciliteraient à l'ouvrier l'acquisition et le payement de ces demeures confortables et salubres [1]. Les réformes dont nous parlons rentrent dans la catégorie des moyens de *circulation*, catégorie où, selon nous, peut le mieux s'exercer l'action de l'État.

La question des devoirs et droits de l'État est beaucoup plus difficile et plus sujette à contestation pour ce qui concerne la rente foncière rurale que pour la rente urbaine. Depuis Carey, beaucoup d'économistes vont même jusqu'à nier entièrement le phénomène de la rente agricole. C'est là, semble-t-il, une exagération. Il y a d'ailleurs, dans cette question, plus d'un malentendu à dissiper. Le phénomène de la rente ne dépend pas, comme on le croit d'ordinaire, de la question de savoir si ce sont les terres les plus fertiles ou les moins fertiles qui ont été les premières appropriées. Ricardo a mal présenté lui-même sa théorie, et Carey n'en

---

1. « L'État et les grandes villes ont un crédit particulièrement élevé : ils empruntent à 3 fr. 60 pour 100. Ils pourraient mettre ce crédit à la disposition des sociétés qui veulent construire des maisons ouvrières. Ce serait diminuer d'autant le coût du loyer, sans que les contribuables en souffrissent le moins du monde... Les lots sont une faveur que l'État a octroyée sans discernement ou par complaisance à des sociétés de spéculation ; il serait moral de réserver ce privilège aux sociétés qui s'interdisent absolument toute distribution de dividende au delà d'un très mince intérêt, et qui se consacrent à une œuvre d'utilité sociale. » (Leroy-Beaulieu, p. 229, 235.)

a pas réfuté l'essentiel en montrant que l'appropriation commence souvent par les terres les moins fertiles et les plus montagneuses ; ces terres sont les plus saines et les plus aisées à conquérir sur la nature. Que les terres les plus fertiles aient été cultivées les premières ou les dernières, il y a toujours *actuellement* : 1° une différence de *fertilité* entre les terres, 2° une différence de *situation* et d'éloignement par rapport aux marchés ; 3° une demande croissante des terrains en tout pays prospère. Les prix de tous les articles indispensables à l'existence humaine (terrains et subsistances) tendent donc à monter avec le progrès de la richesse publique et de la population, tandis que le prix des objets manufacturés tend à diminuer par la concurrence que se font entre eux les ouvriers en nombre croissant. De là provient, indépendamment des spéculations historiques sur l'ordre des cultures, ce que les économistes appellent proprement la *rente,* c'est-à-dire une augmentation de revenu qui ne correspond pas à un travail du propriétaire ou à un emploi du capital par ce propriétaire, mais simplement à une augmentation de la valeur des terres par des raisons physiques et surtout *sociales.*

Mais, après avoir constaté une loi qui a sa vérité théorique et abstraite, qui s'est même appliquée dans la réalité jusqu'au moment de la concurrence américaine, qui s'appliquera de nouveau quand presque toute la terre sera peuplée et exploitée, Ricardo et Stuart Mill ont généralisé outre mesure et représenté la rente foncière comme dépassant toujours et partout les limites de la justice. D'après la théorie de Ricardo. les terrains les plus propres à la culture ou à tout autre emploi deviennent de plus en plus cher : le propriétaire de ces terrains est comme un homme qui, dans un pays où l'eau est rare, verrait sans travail abonder chez lui, par des pentes naturelles ou artificielles, non seulement l'eau tombée chez ses voisins, mais encore l'eau que ses voisins auraient eux-mêmes puisée à force de travail; vendant ensuite cette eau de plus en plus précieuse et recherchée, ses profits s'accroîtraient à mesure que diminuerait sa peine. Il y aurait ainsi une part de la plus-value des terrains qui reviendrait réellement en droit pur à la terre. Et comme la terre même appartient à la société, il en résulterait, selon Stuart Mill, que la société est réellement propriétaire de ce surplus de bénéfice : elle pourrait donc, selon lui, en faire l'objet d'un impôt au profit des travailleurs.

Cette théorie de Stuart Mill sur la rente soulève une foule de difficultés théoriques et pratiques. D'abord, on a excellemment répondu à Stuart Mill et à M. Henry George : — Si vous admettez que la société a le droit de s'approprier toute plus-value par cela seul qu'elle n'est pas le fait du propriétaire, en bonne justice vous déciderez que la société

4

doit aussi compensation au propriétaire pour toute
moins-value qui n'est pas son fait, mais celui des
relations sociales; sans quoi la société réclamerait
tout l'argent que la bonne fortune ferait tomber
dans la main du propriétaire, et quand au contraire
l'argent en sortirait, la société se contenterait de lui
dire : « Tant pis pour vous! » Il faudra donc établir
un compte courant par *doit* et *avoir* entre chaque
propriétaire et la société, et, à la fin de l'année, on
fera la balance entre ce que la société doit à chacun
et ce que chacun lui doit. Ce n'est pas tout. Puisqu'il y a dans la plus-value une part due au travail
individuel et une autre au travail social, il faudra
trouver la ligne de démarcation entre les deux;
mais le propriétaire même, fût-il un génie pour l'art
de la comptabilité, ne saurait, dans le revenu de la
terre, faire le compte de ce qui est dû à son travail
ou à ses dépenses, et de ce qui est dû aux rapports
sociaux, à la demande, au hasard, etc. Les difficultés que peut offrir à cette heure la péréquation
de l'impôt foncier, dit avec raison M. Gide, ne sont
que jeux d'enfants à côté d'une semblable entreprise [1].

On ne peut nier cependant que la théorie de
Stuart Mill, en sa généralité, fût soutenable pour
l'Angleterre, où la propriété foncière est immobili-
sée aux mains de quelques oisifs et où elle leur con-

---

1. Voir *ibid.*

fère une inique domination. C'est la possession prolongée depuis la conquête normande qui a fait les
plus grandes fortunes territoriales d'Angleterre. La
réforme des lois anglaises, protectrices des majo-
rats et des substitutions, est urgente; les troubles
actuels de l'Irlande et la présente loi agraire en sont
une nouvelle preuve. Mais, d'un état de choses particulier, où les lois positives entravent et vicient les
lois naturelles, peut-on tirer une conclusion générale sur la rente foncière? Ne semble-t-il pas que
l'excès de la rente en Angleterre soit aujourd'hui le
résultat artificiel des entraves légales à la circulation démocratique des propriétés? La théorie de
Mill perd presque toute sa valeur pour les pays
comme la France, où la terre divisée ne procure ni
les mêmes profits, ni les mêmes privilèges [1]. Par

1. Il y a, sur la condition des paysans français, beaucoup
d'erreurs trop répandues, et que vient de signaler une étude
intitulée : *le Prolétariat en France depuis* 1789 *d'après les
documents officiels*, par M. Toubeau. On croit généralement,
dit l'auteur, qu'en France c'est la petite propriété qui domine.
On entend partout répéter que, depuis 1789, les paysans n'ont
cessé d'acheter de la terre, et qu'aujourd'hui ils possèdent
la plus grande partie du territoire. Les statistiques officielles
démontrent, contrairement à l'opinion générale, que le
paysan qui cultive son propre fonds possède moins d'un
dixième du sol français ; les neuf dixièmes du territoire
appartiennent à des personnes étrangères à l'agriculture. « Sur
50 millions d'hectares, le paysan qui cultive son propre fonds
ne possède que 4 millions d'hectares. Ces chiffres sont signifi-
catifs. » De plus, les propriétaires de ces 4 millions d'hectares
sont eux-mêmes au nombre de deux millions : c'est dire que
le lot de chacun est en moyenne assez exigu ; mais le rende-
ment est plus considérable que pour les autres formes

l'effet de nos lois, le seul jeu des libertés amène une réduction du revenu territorial. Les causes en sont manifestes, d'abord dans la concurrence des terres nouvelles et fertiles d'Amérique, d'Asie, d'Australie, qui diminue les privilèges de fertilité pour les terres; puis dans la facilité et le bon marché croissants des transports, qui diminuent par une circulation meilleure les privilèges de situation. Ajoutons que, si l'on grevait la propriété territoriale, comme le demande Stuart Mill, on gênerait l'expansion de la propriété sous un mode sans y mettre obstacle sous un autre beaucoup plus fécond en abus, celui

d'exploitations. Ce qui contribue à entretenir l'illusion relative à la situation économique du paysan français, c'est le grand nombre des cotes foncières : quatorze millions de cotes. Mais il y en a la moitié qui sont inférieures à 5 francs. Or, qu'est-ce qu'une propriété payant moins de 5 francs d'impôts, sinon un « *haillon de propriété*? » Le statisticien du gouvernement reconnaît donc lui-même que la moitié des propriétaires fonciers n'ont en réalité du propriétaire que le nom. De là « le chômage du sol », « l'absentéisme, » « le prolétariat agricole ». Beaucoup de terres sont en friche, beaucoup sont délaissées. Dans un seul arrondissement de l'Aisne, cent soixante-sept propriétés ne sont pas cultivées par le fermier et ne sont pas reprises par le propriétaire. Dans un autre arrondissement de l'Aisne, cent vingt-trois fermes se trouvent dans le même cas. Dans dix départements du Nord et du Nord-Est, les fermiers découragés abandonnent la culture. Depuis quelque temps, la crise a gagné les environs de Paris : aucun fermier ne s'est offert pour les fermes de Mégrimont, de Sailly, de Lainville, de Romainville, de Montanié, etc., etc. — Si l'attention ne se porte pas de ce côté, le « dernier rempart de l'ordre », le paysan, finira par se laisser lui-même séduire, comme l'ouvrier, aux utopies socialistes.

des valeurs mobilières ; conséquemment, on n'assurerait pas mieux l'accès de la propriété à ceux qui
en sont dépourvus. En France, la propriété foncière
ne saurait être grevée au moment même où notre
agriculture traverse une crise fâcheuse due à la
concurrence écrasante des blés d'Amérique. Le péril est tel, que nos agriculteurs réclament des droits
protecteurs. Si on ne leur concède pas ces droits,
au moins est-il juste de ne pas faire retomber sur
eux les accusations socialistes contre la propriété.
Cette invasion des blés et des viandes d'Amérique,
que ne pouvaient prévoir ni Ricardo ni Stuart Mill,
prouve que la rente de la terre n'augmente pas toujours et partout, qu'il y a là un phénomène variable
et susceptible d'interruptions.

Outre l'impôt impraticable sur la rente foncière,
destiné à absorber la plus-value au profit de l'État,
on a encore proposé le rachat du sol par l'État, qui
en ferait ensuite aux particuliers des concessions
temporaires moyennant un prix de fermage déterminé par la mise aux enchères. Ce serait une opération analogue au rachat des chemins de fer. Mais on
a fort bien montré, selon nous, que l'opération est
faite pour mener un pays à la banqueroute. L'État,
pendant de très longues années, ne retrouverait pas
dans le prix des fermages la contre-partie de l'intérêt qu'il devrait servir aux propriétaires : le revenu des terres, même en propriété perpétuelle, est
actuellement inférieur à 3 pour 100. En outre, le

résultat final pour la répartition des richesses serait peu de chose [1].

Il y a cependant dans les idées de Stuart Mill et de M. de Laveleye une partie qui nous semble beaucoup plus acceptable. Sans grever la propriété foncière, et sans la racheter en totalité, l'État et les communes peuvent eux-mêmes dans une certaine mesure, s'ils y voient un avantage, se faire propriétaires fonciers.

Ils le sont déjà. La *propriété sociale*, en effet, est considérable et constitue déjà pour tous un beau dédommagement aux droits primitifs « de cueillette, de chasse et de pâturage », que nos socialistes regrettent platoniquement. Les propriétés de l'État affectées à des services publics (rivages, canaux, routes nationales, chemins de fer) valent environ 2 milliards et demi; les propriétés de l'État non affectées à des services publics (telles que les forêts) valent 1 milliard et demi. Le domaine de l'État, des départements et des communes en France représente une dépense de 15 à 20 milliards de francs. Quand les chemins de fer auront fait retour à l'État dans soixante-dix ans, quand, dans vingt, trente ou quarante ans, toutes les concessions d'éclairage ou d'eaux auront expiré et

---

1. Neuf fois sur dix, remarque M. Gide, il arriverait que chacun reprendrait à titre de concessionnaire ce qu'il possédait naguère à titre de propriétaire, et personne ne s'apercevrait du changement.

que la canalisation établie par les sociétés privées aura fait retour aux villes, cette valeur du domaine public aura doublé. Malgré cela, les propriétés à *revenus* ne nous semblent pas assez considérables pour l'État et les villes : si chaque individu a le droit de s'enrichir, la collectivité a aussi ce droit, et plus elle est riche, plus elle peut entreprendre sans grever les contribuables. L'État et les villes possèdent des forêts, des biens communaux, des monuments publics, des routes, etc. Pourquoi ne tourneraient-ils pas à leur profit, en acquérant des propriétés pour les concéder ensuite, le phénomène de la rente foncière rurale, là où il existe, comme nous avons vu qu'ils peuvent tourner à leur profit, par le même moyen, le phénomène de la rente urbaine? M. de Laveleye se plaint avec raison que les gouvernements des pays neufs, les États-Unis, l'Australie, la Nouvelle-Zélande, aliènent d'une manière définitive les terres vacantes, et cela pour des sommes dérisoires. Ne pourrait-on, au lieu de vendre à perpétuité ces terres moyennant quelques shillings ou quelques dollars l'hectare, les donner pour le même prix en concession pendant cent ans, cent cinquante ans, comme le font les lords anglais? De cette façon, au bout de trois ou quatre générations, la société rentrerait en possession de biens dont la valeur se serait accrue; elle pourrait, dit M. de Laveleye, supprimer tous les impôts . Les législateurs du second empire, en

concédant le réseau de nos chemins de fer pour un
temps limité, ont assuré leur retour entre les mains
de l'État et ont préparé à nos heureux descendants une succession magnifique . Pourquoi ne
ferait-on pas de même pour le sol là où il est
encore disponible, comme en Algérie? Le colon
actuel se contenterait vraisemblablement de la per-
spective d'une jouissance d'un siècle ou d'un siècle
et demi. Au reste, dans beaucoup de pays, l'État
fait des concessions de terres ou autres avec clause
de retour au bout d'un certain temps. En définitive,
pourquoi la société renoncerait-elle à bénéficier
pour sa part d'un phénomène qui est éminemment
social, la plus-value progressive, et pourquoi aban-
donnerait-elle aux seuls individus tous les bénéfices
légitimes? Aux économistes de chercher ici les meilleures voies à suivre; mais supprimer les impôts au
moyen de profits faits par l'État, substituer la rente
spontanée, qui est un bénéfice social, aux charges
pesant sur les contribuables, conséquemment éteindre peu à peu la dette publique, voilà un assez
beau résultat pour qu'on cherche sérieusement les
moyens de l'atteindre.

Le phénomène de la rente ne se produit pas
exclusivement pour la propriété foncière, soit rurale,
soit urbaine. Il y a d'autres valeurs qui s'accroissent
aussi non par l'effet d'un travail personnel chez
leurs propriétaires, mais par l'effet des relations
sociales, des débouchés nouveaux, des nouveaux

besoins de l'industrie, même des simples modes et
des caprices de l'opinion. Ce n'est donc pas seulement la rente foncière qui renferme théoriquement
une portion attribuable à la société; c'est tout revenu *net* prélevé au delà : 1º du recouvrement des
frais; 2º du *salaire*, c'est-à-dire de la rémunération
due au *capital* et au *travail*. On en voit un exemple
dans les prêts de toute sorte avec intérêt. La partie
de l'intérêt qui ne se résout pas en remboursement
de frais et en salaire du travail ou du capital, est
une sorte de rente et de plus-value. Mais cette
observation même prouve ce qu'il y a de chimérique dans le socialisme qui s'attaque à la rente. Ici
encore nous demanderons aux socialistes comment
ils espèrent, en tout profit et, pour être logiques, en
toute perte, faire la part de l'individu et la part
qu'on pourrait appeler *sociale?* Quelle utopie que
de vouloir supprimer dans les choses humaines la
part de l'*alea*, de la chance et du hasard! Les ouvriers eux-mêmes profitent souvent des circonstances : que la demande de tel ou tel produit augmente,
les ouvriers qui le fabriquent seront payés plus
cher, tandis que d'autres ouvriers verront diminuer
leur salaire. Ces derniers crieront-ils que leurs com-
pagnons sont des « rentiers »? Demanderont-ils une
indemnité à leurs rivaux plus heureux? Les jardi-
niers qui ont reçu la pluie dans leur jardin et fait
bonne récolte devront-ils réparation à ceux que la
sécheresse a ruinés? Nous ne méconnaissons pas

qu'il s'agit dans ce cas de phénomènes passagers, et
non d'une sorte de privilège comme la rente mobilière ou immobilière. Mais, d'autre part, la rente
mobilière tend elle-même à diminuer : le taux de
l'intérêt va s'abaissant par un mouvement naturel.
Le mal ici s'amende donc de lui-même. L'État
pourrait le diminuer encore en favorisant les institutions du crédit, les banques de prêts populaires, qui
ont réussi dans d'autres pays. Enfin, une meilleure
assiette et une plus équitable répartition de l'impôt,
qui ne devrait pas, en pesant sur les subsistances,
devenir un impôt progressif à rebours, voilà le plus
sûr moyen de faire retourner en quelque sorte la
partie sociale des revenus à la société entière.

L'héritage peut être, en certains cas, une troisième cause d'accumulation de richesses; aussi les
socialistes, dans leurs déclamations, ont-ils attaqué
la légitimité de l'héritage. Cette légitimité est pourtant incontestable, au double point de vue du droit
et de l'intérêt social : le droit de posséder et de consommer implique celui d'épargner et de donner ;
quant à l'intérêt commun, il est évidemment utile
que l'individu capitalise le plus possible, par cela
même fournisse le plus d'éléments possible au
progrès et à la sélection sociale. Mais, d'autre part,
l'État a ici un droit d'intervention et de restriction
vainement nié par certains économistes. En effet, le
contrat par lequel le testateur donne ses biens à un
autre homme porte non seulement sur le présent,

mais encore sur l'avenir et sur un avenir indéfini ;
c'est donc un pouvoir positif et un pouvoir d'oisiveté
indéfinie, une rente perpétuelle et une domination
perpétuelle que l'on confère pour une époque loin-
taine, où la société aura subi des changements et
des accroissements, où des besoins nouveaux se
seront développés, où, grâce à ces besoins mêmes,
les terres rurales ou urbaines auront acquis un prix
plus considérable, où, en un mot, la situation des
tiers aura été modifiée. Là encore, la société aura
contribué elle-même à produire la plus-value dont
jouiront les héritiers. Dans tout contrat dont l'effet
lointain doit se développer au sein de la société
future, il y a évidemment un tiers intéressé, quoique absent encore, à savoir la société future elle-
même, qui a son représentant actuel dans la société
présente. Le testament est un contrat trilatéral :
l'homme y dispose pour un temps où lui-même ne
sera plus et où d'autres hommes seront, avec une
autre situation économique, politique, sociale. Prétendre que c'est là un acte analogue à tous les
autres et où la société n'a rien à voir, serait un pa-
radoxe. Aussi le législateur de la révolution n'a-t-il
fait qu'user d'un droit strict en réglant le mode et
la distribution des héritages. Le principe de la réserve légale au profit des enfants, des parents et
même de l'époux survivant est juste et n'est d'ailleurs que l'acquittement d'une dette, la recon-
naissance d'un contrat. L'État est lui-même intéressé

à favoriser par là le maintien de ce que M. Le Play appelle la famille-souche avec son patrimoine familial. Mais peut-être l'État se montre-t-il trop généreux lorsqu'il étend l'hérédité naturelle en l'absence de testament à des parents très éloignés, souvent inconnus du mort. Le lien familial est ici tout artificiel et prend indûment la place du lien social, de la grande parenté civique. Dans les cas de ce genre, il y aurait justice à considérer la société comme l'héritier naturel de celui qui n'a conservé que ses liens sociaux. Dans tout héritage, d'ailleurs, on peut dire qu'il y a une part sociale encore plus évidente que dans la propriété. La réserve en faveur de la société se fait actuellement par l'impôt sur les successions, dont l'organisation présente est, par malheur, funeste aux petits héritages, qu'elle absorbe, et trop favorable aux grands.

Outre la rente foncière, la rente mobilière et les accumulations excessives d'héritages, une quatrième cause qui peut immobiliser la propriété dans les mêmes mains, ce sont les associations à patrimoine inaliénable, non moins contraires au droit public que les « substitutions » de l'ancien régime. Sur ce point, les communautés religieuses sont encore trop habiles à éluder la loi. Les associations de capitaux industriels appellent aussi la surveillance de l'État. Elles peuvent, en effet, produire à leur tour les conséquences du monopole, car il y a telle société de capitaux assez considérable pour défier en fait la concurrence. De là le droit reconnu à l'État, même aux États-Unis, d'imposer un tarif aux services et aux produits des grandes compagnies, surtout anonymes, et de les soumettre à des conditions d'autorisation préalable, de publicité, de surveillance administrative. Notre législation contient, à ce sujet, des lacunes reconnues de tous les économistes [1].

Malgré les maux qu'elle engendre de nos jours, la guerre du capital et du travail est provisoire : elle est la caractéristique de notre époque, mais elle contient en elle-même le germe de la paix à venir. Le capital, en effet, souverain de notre siècle, a rendu la propriété infiniment plus mobile, plus divisible et plus circulante qu'elle ne l'était sous la forme immobilière. Le résultat du capital sera donc de répartir de plus en plus la propriété entre tous, d'en permettre à la fois, pour ainsi dire, la division entre les personnes et la réunion en associations : c'est un instrument d'analyse et de synthèse tout ensemble. Sans doute il a produit d'abord des accumulations d'argent analogues aux grandes propriétés territoriales; mais ces accumulations ne sont elles-mêmes que des associations de capitalistes, auxquelles pour-

1. L'État crée des sociétés financières privilégiées dont il nomme les directeurs ou les gouverneurs ; il attribue trop souvent à des incapables de riches sinécures. Il tolère une sorte de « piraterie » sous le couvert des sociétés anonymes, des émissions d'actions ou d'obligations.

ront de plus en plus répondre les associations des
travailleurs. De là deux camps en apparence irré-
conciliables, mais cependant composés d'hommes
qui ne peuvent rien les uns sans les autres. Aussi
arrivera-t-il un jour où les travailleurs eux-mêmes
participeront de plus en plus au capital proportionnellement à leur travail. La solution idéale de l'antinomie économique serait la répartition la plus grande
possible de la propriété et du capital parmi les travailleurs eux-mêmes. La propriété universalisée est
le corollaire du suffrage universel, car l'être qui possède assez pour se suffire se possède seul lui-même
et, en moyenne, est seul vraiment maître de son
vote. Le pouvoir social que la propriété confère est
semblable au faisceau du licteur, redoutable tant
qu'il reste en une seule main, et qui, divisé entre
tous, donnerait une arme à tous. C'est là sans doute
un idéal dont la complète réalisation est impossible,
mais on peut s'en rapprocher progressivement. Pour
nous, nous croyons que l'avenir est à la circulation
rapide de tous les capitaux et à la facilité de tous les
échanges, comme il est aux chemins de fer et aux
télégraphes. Un privilège mobilisé et circulant sans
cesse n'est plus vraiment un privilège, et le capital
finira par communiquer sa mobilité à la terre même,
qui cessera ainsi d'être un monopole [1].

1. L'*act* Torrens, promulgué en 1858 dans l'Australie méri-
dionale, est un grand progrès en ce sens : l'administration
de l'enregistrement délivre aux propriétaires qui en font la

En outre, nous avons vu que l'État, sans enlever à personne de son droit, peut user lui-même du sien pour accroître, en face de la propriété individuelle, ce que nous avons appelé la propriété sociale, et pour favoriser ainsi une répartition moins inégale des richesses. Les ressources nouvelles que l'État pourrait se créer auraient, entre autres avantages, celui de rendre possibles les systèmes d'assurance universelle, dont nous reparlerons plus loin.

demande un titre de propriété qui peut se transmettre d'un individu à l'autre par simple endossement : l'enregistrement remplace ainsi le notaire et se fait au prix du service rendu, non à titre d'impôt. Chez nous, au contraire, les droits de mutation sont énormes, et l'État entrave la circulation de la propriété, qu'il devrait au contraire assurer. La transmission d'un immeuble entre vifs coûte 6 fr. 88 pour 100 de droits d'enregistrement, et 3 pour 100 d'acte chez le notaire, soit 10 pour 100. La propriété rurale, déduction faite des frais de la culture, ne rapporte en moyenne, d'après les statistiques du ministère des finances, que 2 fr. 89 pour 100. Conséquence : chaque mutation grève la propriété, en moyenne, d'une charge supérieure au revenu de trois années. La terre qui changerait de mains tous les trois ans et demi rapporterait zéro et deviendrait, pour ses possesseurs successifs, l'équivalent d'un jardin fruitier planté d'arbres morts. Il en résulte encore que les capitaux de circulation facile accaparent les gros bénéfices et la puissance, aux dépens de cette terre qui n'est aujourd'hui ni assez immobile entre les mêmes mains, comme elle le fut dans le système primitif, ni assez mobile de main en main, comme elle le sera dans le régime à venir. Pour faciliter cette mobilisation, plusieurs économistes ont proposé, outre l'adoption de l'*act* Torrens comme procédé facultatif, la constitution de grands domaines qu'exploiteraient des sociétés par actions avec émission des titres dans le public : quiconque voudrait participer aux avantages de la propriété et de sa plus-value lente, mais certaine, n'aurait qu'à acheter une action de 500 francs.

En résumé, la conclusion qui nous semble ressortir de cette étude, c'est que l'individualisme
absolu et le socialisme sont également faux; qu'il y
a dans toute propriété, théoriquement considérée,
une part individuelle et une part sociale; que, dans
la pratique, l'exacte distribution de ces parts suppo-
serait une *mesure* absolue de ce qui est dû à chacun
selon ses œuvres; qu'une telle justice « distributive »
est une chimère, et qu'il faut s'en tenir à des conventions ayant pour base des moyennes générales.
Mais, sans s'arroger la tâche impossible de l'absolue
justice distributive, qui aboutirait à l'injustice, l'État
a cependant, croyons-nous, un rôle à jouer dans la
circulation des richesses. Selon les purs individua-
listes, nous l'avons vu, ce rôle serait tout négatif :
« Laissez faire, laissez passer » ; selon les socialistes,
il consisterait à tout faire. Ni les uns ni les autres ne
nous semblent avoir compris les vraies attributions
de l'État. Ce dernier, outre la justice négative et
répressive, a encore une œuvre de justice positive
et réparatrice qui lui permet de se réserver des
moyens d'action, des ressources, des capitaux, pour
les employer soit à la diffusion de l'instrument de
travail par excellence, l'instruction générale et professionnelle, soit à l'encouragement ou à l'initiative
des institutions philanthropiques. Au lieu de tendre
à se dessaisir de tout ce qu'il possède ou peut posséder, les principes de la science économique auto-
risent l'État, en face de la propriété privée et toujours

sacrée, à former une propriété collective, à l'accroître, à l'employer au profit du plus grand nombre.
L'État pourra ainsi substituer de plus en plus aux
impôts, qui pèsent surtout sur les masses, des ressources qui lui soient volontairement prêtées, ou plutôt qui soient le revenu naturel de la propriété publique. C'est, nous l'avons vu, le phénomène de la
plus-value progressive des propriétés qui fournit au
socialisme contemporain son principal argument; or,
il y a deux moyens de faire tourner à l'avantage de
la société entière une plus-value qui tient à l'accroissement des relations sociales. Le premier, c'est de
faire circuler le plus possible le bénéfice entre les
individus : pour cela, il faut mobiliser de plus en
plus la propriété, ce qui permettra sa diffusion entre
tous les individus et en même temps le groupement
des propriétés par l'association. Le second moyen,
c'est de maintenir à côté de la propriété individuelle
la propriété collective et sociale, comme source de
revenu collectif. Par là, les économistes le reconnaissent eux-mêmes, on obtiendrait ce merveilleux
résultat de remplacer peu à peu les charges de tous
par des profits pour tous, de substituer à la dette publique une richesse publique, enfin de dégrever
entièrement ces énormes budgets qui sont une cause
d'inquiétude croissante. Ainsi c'est le libéralisme
bien entendu qui fournit la solution la plus philosophique du problème, car il laisse leur juste part et
leur libre essor à ces trois formes de propriété éga-

5

lement légitimes : les propriétés individuelles isolées, les propriétés individuelles associées, enfin la propriété publique et sociale. On pourrait résumer le libéralisme économique dans cette formule : — Les individus libres propriétaires dans l'état libre propriétaire.

LIVRE II

LE FONDS SOCIAL D'ASSISTANCE
ET LA PHILANTHROPIE PUBLIQUE

Un des principaux emplois du fonds social serait, comme nous l'avons dit, l'initiative ou l'encouragement des institutions philanthropiques. Mais ici se présentent de grandes difficultés, théoriques et pratiques, relativement à l'assistance et à ses effets sociaux. Nous devons donc examiner avec soin ce problème.

Les questions de la propriété sociale, de l'assistance publique, de la population et de la sélection naturelle sont si inséparables que, dans notre siècle, l'esprit a été logiquement conduit de l'une à l'autre et amené par là à d'importantes découvertes. C'est le problème de l'assistance publique et l'observation des effets produits par la taxe des pauvres qui inspira à Malthus sa « loi de la population » ; c'est la loi de la population, à son tour, qui fit découvrir à Darwin, d'abord celle de la « lutte

pour la vie, » puis celle de la « sélection naturelle ».
On peut donc dire (et la chose est digne de remarque) que c'est un problème social et économique
qui a provoqué une des plus grandes révolutions de
l'histoire naturelle. Même avant Darwin, Spencer,
étudiant dans sa *Statique sociale* l'influence de la
philanthropie sur le mouvement de la population,
sur la multiplication artificielle des faibles de corps
ou d'esprit et par cela même sur l'abaissement de la
race, avait fait voir comment la « concurrence vitale »
peut produire, par voie de sélection et d'élimination,
tantôt le progrès, tantôt la décadence 'd'une espèce.
Il a ainsi devancé Darwin ; mais il n'avait pas aperçu,
comme Darwin, le fait capital de la « divergence par
rapport au type primitif », qui résulte de la sélection
naturelle chez les êtres vivants et qui produit la variation finale des espèces. Toujours est-il que la
science naturelle et la science sociale ont montré sur
ce point leur intime connexion, qui n'est pas moindre dans tous les autres problèmes. Aussi ne peut-on
plus désormais séparer ces deux sciences. Réduire
la sociologie aux sciences morales, économiques
et politiques, c'est se condamner à demeurer dans
l'abstrait et à traiter les problèmes d'une manière
incomplète par l'oubli de données essentielles ; le
jurisconsulte, l'économiste, le politique qui ne tiennent pas compte des lois de la « biologie » ressemblent à un médecin qui ne connaîtrait ni la structure,
ni la fonction des organes, ou, selon la comparaison

de Spencer, à un forgeron qui voudrait travailler le fer sans connaître aucune de ses propriétés. La philanthropie ne doit pas se contenter des raisons de sentiment : elle doit devenir scientifique. Peu de questions sont plus propres que celle de l'assistance publique à montrer la nécessité de ce progrès et l'extrême complexité des problèmes sociaux, où les droits les plus divers sont en cause et où les lois de l'histoire naturelle viennent encore s'ajouter aux lois de l'économie politique. En premier lieu, quel est le fondement moral du devoir public d'assistance, méconnu par certains partisans de Malthus ou de Darwin, et quelle est la liaison de ce devoir avec le droit de propriété? En second lieu, quelles sont les limites nécessaires du devoir d'assistance? N'y a-t-il pas des lois biologiques qui interviennent dans une question à première vue toute morale, et le législateur peut-il négliger les conséquences sociales de ces lois naturelles? Enfin, la philanthropie réglée par la science a-t-elle une influence heureuse ou nuisible sur le mouvement de la population, et produit-elle dans la race une sélection utile ou funeste, un progrès ou une décadence? — Tels sont les principaux points sur lesquels nous voulons attirer la réflexion des lecteurs. Ne fît-on que voir nettement les difficultés et entrevoir vaguement les solutions, on n'aurait perdu ni son temps, ni sa peine.

CHAPITRE PREMIER

LE DEVOIR SOCIAL D'ASSISTANCE. — SON LIEN AVEC
LE DROIT DE PROPRIÉTÉ. — SES LIMITES

Les partisans de Darwin adoptent généralement,
dans la science sociale, cette « loi de Malthus » dont
Darwin lui-même a tiré de si importantes conséquences dans l'histoire naturelle. Or, au nom de
cette loi, Malthus a cru pouvoir condamner d'une
manière absolue la philanthropie qui s'exerce sous
la forme de la bienfaisance publique et à l'aide de la
propriété publique. Non seulement il a rejeté tout
devoir d'assistance de la part de l'État et au moyen
du fonds social, mais encore il a déclaré dangereuse
et irréligieuse l'assistance privée. Laissez à la nature, dit-il avec dureté, le soin de punir l'imprévoyance du père qui appelle à la vie plus d'enfants qu'il n'en peut nourrir : la nature ne faillira
pas à sa tâche, qui est providentielle. « Lorsque la
nature se charge de gouverner et de punir, ce serait

une ambition bien folle et bien déplacée de prétendre nous mettre à sa place et prendre sur nous tout
l'odieux de l'exécution. Livrons donc cet homme
coupable à la peine portée par la nature. L'accès et
l'assistance des paroisses doivent lui être fermés, et
si la propriété privée lui tend quelques secours, l'intérêt de l'humanité requiert impérieusement que ces
secours ne soient point trop abondants. Il faut qu'il
sache que les lois de la nature, c'est-à-dire les lois
de Dieu, l'ont condamné à vivre péniblement, pour
le punir de les avoir violées, qu'il ne peut exercer
contre la *société* aucune espèce de droit pour obtenir
d'elle la moindre portion de nourriture [1]... » Cette
condamnation sommaire de l'assistance sociale, pro-
noncée par les malthusiens et par les darwinistes radicaux, peut-elle être acceptée au point de vue de la
morale et du droit, et est-elle aussi inévitable qu'on
le prétend au point de vue de l'histoire naturelle,
au point de vue même des lois posées par Darwin?

D'abord, en ce qui concerne la question de droit,
il y a selon nous une distinction capitale à faire
entre le présent et l'avenir, entre le devoir de
l'État à l'égard de ceux qui sont nés et son devoir
à l'égard de ceux qui peuvent naître. Il y a actuellement sur terre assez pour nourrir les hommes
qui vivent aujourd'hui; mais il peut se faire dans
un certain nombre de siècles qu'il n'y ait pas

---

1. Malthus, *Essai sur le principe de la population,* trad. franc.,
p. 515 et 519.

assez pour nourrir tous ceux qu'on appellera à la
vie, et c'est alors seulement que la loi de Malthus sur la population sera devenue incontestable. Le moraliste doit donc se placer successivement à ces deux points de vue, que n'ont pas
assez distingués ni les malthusiens, ni les darwinistes. Afin de mieux faire comprendre la question, commençons par examiner les cas les plus
simples ; nous nous rapprocherons ensuite de la
réalité plus complexe. Pour reprendre un exemple
ancien et classique dont on peut tirer des conséquences nouvelles, supposons un homme établi
seul dans une île, où il a non seulement le nécessaire, mais encore le superflu, et un naufragé jeté
dans cette île par la tempête. Sans doute le premier
occupant n'est point obligé de céder ce qui lui est
indispensable à lui-même pour vivre ; cependant, il
doit au nouveau venu une part de son superflu :
si l'île suffit à nourrir deux hommes, le premier
n'a pas le droit d'en accaparer la propriété tout
entière. Il devra donc laisser une portion du sol
au compagnon que le hasard lui envoie. Par là
il n'accomplira point seulement une de ces œuvres
de *bienfaisance* suspectes aux malthusiens et aux
darwinistes : ce sera un acte de stricte *justice*.
Qu'il arrive encore dans l'île d'autres hommes,
le sol finira par être tout entier occupé, approprié,
couvert de maisons, enclos de barrières. Supposons
alors qu'un nouveau naufragé survienne. De deux

choses l'une : ou l'île peut suffire à nourrir et à entretenir un homme de plus, ou elle ne le peut. Dans le premier cas, si les premiers propriétaires ne veulent pas que le nouveau venu, le nouvel occupant se trouve à leur égard et à l'égard de leurs propriétés dans un état de guerre naturel, ils lui devront une portion du terrain [1]. Le terrain est-il déjà approprié tout entier et partagé entre les habitants, ils lui devront moralement un travail qui lui fournisse des moyens de subsistance, ou enfin, à défaut de travail immédiat, ils lui devront des secours provisoires. Cette obligation morale incombe non à un individu déterminé parmi les habitants de l'île, mais à tous les individus pris collectivement, et chacun devra contribuer selon ses propres ressources à cette tâche commune, à cette tâche sociale. L'assistance est ici une garantie et une défense de la propriété, un traité de paix succédant à l'état de guerre. Elle ne cesserait d'être un devoir de justice pour devenir un acte de pure charité qu'à partir du moment où la subsistance des nouveaux venus ne pourrait plus être prélevée que sur le nécessaire des premiers occupants; dans ce cas, en effet, il faudrait sacrifier un homme pour en sauver un autre.

Supposons maintenant qu'au lieu d'être apportés dans l'île par la fatalité de la tempête, les nouveaux

1. Voir liv. I, ch. I.

venus y soient introduits par la volonté même de certains individus ; le devoir moral d'assister ces nouveaux venus subsistera dans le présent, mais il est clair que l'ensemble des habitants aura le droit de surveiller pour l'avenir une telle introduction et d'en régler les conditions. S'il s'agit, par exemple, de mettre des enfants au monde en nombre trop grand pour que l'île puisse les nourrir, le petit État que nous examinons ne pourra assumer pour l'avenir le devoir social d'assistance, si les individus ne renoncent pas de leur côté, comme dit Stuart Mill, à leur droit de multiplication indéfinie.

C'est faute d'avoir fait la distinction qui précède que Malthus rejette absolument tout devoir d'assistance et confie à la nature le soin de faire justice. « La peine attachée à l'imprévoyance par les lois de la nature, prétend-il, retombe immédiatement sur le coupable, et cette peine est d'elle-même sévère. » — Mais, peut-on répondre, ceux qui souffrent le plus de l'imprévoyance du père, n'est-ce pas, au contraire, la femme et les enfants innocents ? — « Laissez faire, poursuit Malthus, laissez passer la justice de Dieu. » — Ces prétendues lois de Dieu, où Malthus veut nous faire voir la justice, sont l'injustice même. Pour échapper aux objections des moralistes, le pasteur anglais n'a d'autre ressource que d'invoquer le péché originel. « Il paraît indispensable, dit-il, dans le gouver-

nement moral de cet univers, que les péchés des
pères soient punis sur les enfants. Et si notre vanité
présomptueuse se flatte de mieux gouverner en
contrariant systématiquement cette loi, je suis
porté à croire qu'elle s'engage dans une folle
entreprise. » Où Malthus voit un effort de la vanité
humaine, la science sociale voit un effort de la
justice humaine, supérieure à la prétendue justice
de la nature ou de la Providence. S'en remettre
aux lois naturelles et providentielles pour prévenir
ou réparer l'iniquité, c'est agir comme des êtres
sans intelligence et sans volonté, c'est accepter
pour l'homme la fatalité qui régit les animaux,
« lesquels pourtant n'ont point mangé du fruit
défendu ».

La thèse de Malthus, adoptée par beaucoup
d'économistes anglais, comme par les naturalistes
de l'école darwinienne, est contraire non seulement
à la fraternité pure, mais encore à la stricte justice. Malthus raisonne comme si, *actuellement*, il n'y
avait point sur la terre assez de nourriture pour
tous les hommes, comme si, dans l'état actuel de
la société, il ne se trouvait pas des hommes jouis-
sant du superflu à côté de ceux qui n'ont point de
quoi vivre. Au lieu de limiter ses assertions à
l'avenir, et à un avenir encore lointain, il prononce
pour le présent même ces dures paroles, tant de
fois reprochées par les socialistes aux purs économistes comme étant la plus sincère formule de

leurs théories : « Un homme qui naît dans un monde déjà occupé, si sa famille n'a pas le moyen de le nourrir ou si la société n'a pas besoin de son travail, cet homme n'a pas le moindre droit de réclamer une portion quelconque de nourriture. Il est réellement de trop sur la terre. Au grand banquet de la nature, il n'y a pas de couvert mis pour lui. La nature lui commande de s'en aller et ne tardera pas à mettre elle-même cet ordre à exécution. » Tout se lie dans cette doctrine : c'est bien le droit même de vivre que Malthus dénie à une foule d'hommes. Pour résoudre la question, il s'en remet à la nature, qui ne connaît ni la pitié, ni la justice : il faudrait, au contraire, faire appel à la raison et à la liberté de l'homme. En effet ce n'est pas seulement au « banquet de la nature », comme le prétend Malthus, que les nouveaux occupants demandent une place, c'est encore et surtout au banquet de l'humanité : ils sont hommes, et ce sont des hommes qui les ont appelés à l'existence; les a-t-on consultés avant de leur donner le jour? Et si, sans leur aveu, leurs parents les ont jetés dans la vie, n'est-ce pas à cette condition implicite qu'ils leurs fourniraient une part de subsistance en échange d'une part de travail? Lorsqu'il naît un enfant dans une famille, a-t-on dit avec raison, aucun de ses frères n'est en droit de lui contester la participation aux biens du père; pareillement, il n'y a pas de

« cadets » dans la nation, qui a, comme l'individu, sa propriété. Si la famille fait défaut, il reste au-dessus d'elle la grande famille nationale avec le fonds national. Il y a *solidarité* entre tous les citoyens d'un même pays. Par cela même que vous, législateurs, vous n'avez pu établir de loi qui règle la multiplication de l'espèce, vous acceptez implicitement, à défaut des père et mère naturels, certaines charges à l'égard des enfants qui sont nés. Ces enfants ne sont ni « usurpateurs » ni « intrus, » puisqu'ils ne sont point eux-mêmes responsables de leur naissance, et vous n'êtes plus maîtres de les accepter ou de les rejeter, puisqu'en fait il y a *actuellement* pour tous assez de subsistances. Que la société veuille prendre ses précautions pour l'avenir, c'est ce dont les darwinistes nous montreront tout à l'heure la nécessité, mais la charge présente n'en existe pas moins et nous devons l'accomplir. Dans la société actuelle, les capitaux ne manquent point, mais tous les hommes n'en ont pas leur part; cet état de choses, effet inévitable des lois économiques, crée chez les travailleurs un état naturel d'infériorité et de servitude ; il y a donc lieu ici à l'intervention de ce que nous avons appelé la *justice réparative*, sous la forme de l'assistance sociale [1]. Au milieu d'une disette, celui qui refuserait de vendre son blé ou qui achèterait une grande

1. Voir, dans notre *Science sociale contemporaine*, le livre consacré à la *justice réparative*.

quantité de blé pour l'enlever à la circulation serait-il dans son droit? Il pourrait cependant se dire
légitime propriétaire du produit de ses champs ou
du produit de ses achats. Mais, nous le savons, le
même principe qui fonde la propriété, à savoir le
droit de travailler pour vivre, la limite par le droit
égal d'autrui. La société, sur bien des points, a su
imposer des restrictions et des obligations aux
propriétaires qui se prétendaient « absolus » ; elle
les oblige à ne pas entraver le droit de circulation,
elle exproprie pour cause d'utilité publique, elle
punit celui qui incendie son bien, elle devrait
exiger une indemnité de celui qui le laisse en friche.
En général, nous avons vu qu'aucun droit relatif
aux objets extérieurs ne peut être absolu : il y a
toujours place à des limitations réciproques, par
conséquent à des conventions et à des compromis.
Le respect des propriétés déjà existantes et de
l'ordre établi ne peut, en droit *pur*, être exigé du
nouveau venu que si, en échange, on lui laisse à
lui-même quelque moyen d'existence. Il y a là
un rapport contractuel, une convention tacite : je
conviens de respecter vos moyens d'existence à
la condition que vous respectiez les miens ; je con-
sens à respecter votre droit de vivre à condition de
ne pas voir le mien détruit en fait. C'est donc un
rapport contractuel qui établit à la fois le fondement et la borne du droit de propriété chez les uns
et du droit de vivre chez les autres. Le premier

n'est pas plus absolu que le second, mais on ne peut méconnaître l'un sans méconnaître l'autre.

De ce que le devoir social d'assistance ne peut être illimité et inconditionnel, on ne saurait donc conclure avec Malthus et les naturalistes de son école que ce devoir n'existe pas. Si une telle conclusion était logique, il faudrait alors l'appliquer à tous les droits *réels*, car il n'en est aucun qui soit absolu et sans limites, pas plus le droit de propriété que les autres. La seule conclusion légitime, c'est qu'il faut renfermer l'assistance dans certaines bornes, la restreindre par la considération d'autres droits, la soumettre à des conditions, en faire, par conséquent, l'objet d'un contrat, réaliser ainsi sur ce point comme sur tous les autres l'idéal de la justice contractuelle. La limite pratique d'un droit est toujours dans un autre droit ; par exemple, la limite du droit de propriété est dans le droit de circulation, dans le droit d'expropriation pour cause d'utilité publique, etc., et réciproquement ; le moyen de fixer cette limite, c'est le libre débat entre les parties, lequel aboutit à un contrat. Tout politique qui néglige de donner aux lois qu'il promulgue la forme contractuelle, prépare pour la société des conflits de toute sorte et laisse dans la loi même un germe de guerre.

Mais, si la vraie philanthropie, qui ne fait qu'un avec la justice sociale, doit considérer le présent et le passé même, elle doit aussi regarder l'avenir. C'est à ce point de vue que les théories de Malthus

et de Darwin vont reprendre l'avantage : les considérations empruntées à l'histoire naturelle viendront
compléter les considérations morales, économiques
et juridiques. Déjà nous avons reconnu, avec Malthus et Stuart Mill, que la société ne saurait faire
abstraction de ce point de vue si l'on ne veut pas
produire artificiellement, dans un avenir plus ou
moins éloigné, une multiplication excessive de l'espèce. Il nous reste à examiner, avec Spencer et
Darwin, un autre écueil pour la philanthropie sociale et pour l'extension exagérée de la propriété
sociale : l'abaissement physique et intellectuel de
l'espèce par l'oubli des lois de la sélection naturelle
et de l'hérédité.

CHAPITRE II

LES INCONVÉNIENTS DE L'ASSISTANCE SOCIALE ET PRIVÉE.
SES EFFETS SUR LA DÉCADENCE SOCIALE

La philanthropie séparée de la science ne voit que l'influence immédiate des mesures qu'elle propose; elle néglige entièrement leur influence, infiniment plus importante, sur le physique et le moral des générations futures. Ce défaut lui est commun avec la plupart des spéculations de l'école socialiste. On oublie trop que toute mesure nouvelle dans la législation, dans l'économie sociale ou dans la politique, tend à produire des modifications sur la nature humaine, soit en mieux, soit en pire [1]. Ces modifications sont

---

1. Le fanatisme religieux, par exemple, par ses mesures de persécution, a produit des effets que ses partisans étaient loin de prévoir et une sorte de sélection à rebours. « Par une suite de supplices et d'empoisonnements, dit Galton dans son *Hereditary Genius*, la nation espagnole a été vidée de libres penseurs et comme drainée à raison de 1000 personnes par an, pour les trois siècles entre 1471 et 1781; car une moyenne de cent personnes ont été exécutées et une moyenne de 900 emprisonnées chaque année durant cette période. Pendant ces trois siècles, il y a eu 32 000 personnes

l'inévitable effet des lois biologiques, c'est-à-dire de la concurrence vitale, de l'hérédité et de la sélection naturelle. Une bienfaisance qui ne tient nul compte de ces lois peut devenir malfaisante, et la fraternité à courte vue qui ne considère que la génération actuelle peut se changer, comme nous allons le voir, en une véritable injustice envers les générations futures. Le grand danger auquel s'expose une charité aveugle, séparée de la science et de la justice contractuelle, c'est d'abaisser le niveau physique et moral de la race. C'est aussi le danger des utopies socialistes. Quelles sont sur ce point les conclusions du darwinisme? On peut, avec Spencer, les résumer dans ces deux propositions, que tout philanthrope et tout économiste, selon lui, devrait avoir sans cesse présentes à l'esprit : « La qualité d'une société baisse sous le rapport *physique* par la conservation artificielle de ses membres les plus faibles; la qualité

---

brûlées, 17 000 brûlées en effigie (la plupart sont mortes en prison ou ont quitté l'Espagne), et 291 000 ont été condamnées à la prison ou à d'autres peines. Il est impossible qu'une nation résiste à une politique pareille sans une grave détérioration de la race. En enlevant à la nation ses hommes les plus intelligents et les plus hardis, cette politique a eu pour résultat notable la formation de la race inintelligente et superstitieuse de l'Espagne contemporaine. » On a aussi plusieurs fois appelé l'attention sur l'effet désastreux du régime militaire de notre époque, qui enlève à la famille et au travail la partie la plus valide de la jeunesse et, ne laissant dans les foyers que les hommes chétifs ou infirmes, produit une sélection à rebours dans la nation. Quand la guerre vient se joindre à l'armement universel, elle moissonne la partie la meilleure d'un peuple et abâtardit les générations qui restent.

d'une société baisse sous le rapport *moral* par la conservation artificielle des individus les moins capables de prendre soin d'eux-mêmes [1]. » Exposons successivement et essayons de restreindre à leur vraie portée ces deux propositions capitales.

La loi de Malthus, dont Darwin a déduit celle de la concurrence vitale, tend à amener, dans l'état actuel de la société, une surabondance numérique d'individus qui luttent pour l'existence en même temps que pour la propriété. L'excès de fécondité a de bons et de mauvais résultats. Tous les individus se trouvant ainsi soumis à la difficulté croissante de gagner leur vie et d'arriver à une des formes quelconques de la propriété, il se produit dans la société une sorte de « pression » dont l'effet naturel est en moyenne un progrès. Ceux-là seuls, en effet, peuvent survivre qui sont capables de résister à cette pression et même de progresser sous son influence ; or ceux-là doivent être « les élus de leur génération ». Quand un individu succombe, c'est toujours faute de pouvoir triompher d'une certaine action du milieu ambiant, froid, chaleur, humidité, insalubrité de l'air, etc. ; il ne peut faire face à une ou à plusieurs des nombreuses forces qui agissent sur lui et en présence desquelles doit se déployer son activité vitale. Il peut dès lors succomber plus ou moins vite, selon la vigueur de son organisation et

1. Herbert Spencer, *Introduction à la science sociale*, p. 368.

les incidents de sa carrière ; mais, dans le cours
naturel des choses, ceux qui sont imparfaitement
organisés disparaissent avant d'avoir une postérité,
et les organisations les plus vigoureuses concourent seules à produire la génération suivante. Telle
est la sélection naturelle, favorable à l'amélioration de l'espèce, qui se produit dans l'humanité
quand on laisse agir la nature sans la contrarier.
« C'est, dit Spencer, un travail d'élimination naturelle par lequel la société s'épure continuellement
elle-même. » Supposez maintenant qu'une philanthropie ignorante de la science sociale et des sciences naturelles entreprenne de corriger la nature, de
diminuer à tout prix les chances de mortalité pour
les faibles, de les faire survivre artificiellement par
ses secours, quels seront les résultats pour les générations futures? — D'abord la population s'accroît
plus qu'elle ne l'aurait fait; tout le monde se trouve
donc réduit à une plus grande difficulté de vivre et
soumis à des actions destructives plus intenses. Cet
accroissement de la population pourrait encore produire de bons résultats s'il n'était pas dû à un accroissement du nombre des faibles. Mais la survivance des faibles gâte tout : ils se marient avec
les forts, qui autrement auraient seuls survécu ; ce
mariage altère la constitution générale de la race, il
la fait descendre à un degré de force et pour ainsi
dire de tonicité moindre, correspondant aux conditions d'existence que l'on a créées artificiellement.

Tel un instrument dont les cordes se sont détendues
n'a plus des sons aussi forts ni aussi harmonieux.
C'est un amollissement de l'espèce, laquelle est devenue du même coup un peu plus nombreuse et un
peu plus faible. En conservant la partie la moins
vivace des générations présentes, on a préparé la
décadence des générations à venir.

Cette décadence se produit encore pour d'autres
raisons. — Votre philanthropie, disent les darwinistes,
supprime ou atténue certaines influences nuisibles,
ce qui donne aux constitutions délicates plus de
chances de survivre et de se propager ; mais vous ne
voyez pas qu'à la place des influences défavorables
par vous supprimées, vous faites surgir de nouvelles
causes destructives. « Si l'on diminue la vitalité
moyenne, dit Spencer, en protégeant plus effica-
cement le faible contre les conditions défavorables,
on verra inévitablement apparaître des maladies nouvelles, » car l'accroissement des maladies est corrélatif à l'affaiblissement de la vitalité. Voyez plutôt les
nombreuses maladies inconnues parmi les barbares
et dont souffrent les races civilisées [1]. Les maladies
du cerveau, principalement, semblent s'accroître
avec la civilisation : leur rapport avec la population
totale paraît avoir doublé en France depuis 1836.

---

1. On peut consulter à ce sujet le docteur Jacoby, *Études
sur la sélection*, p. 441 et suiv.; de Candolle, *Histoire des
sciences et des savants en Europe*; *Essai sur la sélection dans
l'espèce humaine*.

L'activité imprimée à l'industrie, aux arts et aux
sciences, l'agitation politique et sociale, la fièvre du
gain et la vie dévorante des cités engendrent dans
les nations civilisées un état d'excitation cérébrale qui
ressemble à l'ivresse et qui doit disposer aux troubles intellectuels. Ajoutons que la nécessité d'entretenir les faibles et les « non-producteurs », comme
dit Spencer, amène une surcharge de plus pour
les « producteurs »; la fatigue de ces derniers augmente donc jusqu'à devenir pour eux une cause de
maladies ou de décès prématuré ; la mortalité, évitée
sous une forme, reparaît ainsi sous une autre : ce
sont finalement les moins bien doués qui survivent
et les mieux doués qui disparaissent.

Si cette fraternité mal entendue se perpétuait, elle
finirait, selon les darwinistes, par changer une société vigoureuse et jeune en une société vieille avant
l'âge. Supposez une nation tout entière composée de
vieillards : la vieillesse diffère de la jeunesse et de
l'âge mûr en ce qu'elle est moins active pour la production et moins capable de résister aux causes de
destruction ; les hommes qui, bien que jeunes encore,
ont une constitution faible, se trouvent dans une po-
sition analogue. Une société de gens affaiblis doit
donc mener la vie que mènerait une société composée de vieillards n'ayant personne pour les servir. La
ressemblance se complète en ce que, des deux côtés,
la vie manque de cette énergie qui rend le travail facile et le plaisir vif. Le vieillard voit augmenter pour

lui les causes de souffrance et diminuer les causes
de plaisir, car l'exercice physique est la condition ou
l'accompagnement de la plupart des plaisirs. Ainsi
se produit une vie languissante, terne et monotone.
« En résumé, dit M. Spencer, lorsque, chez un peuple, le type moyen des constitutions s'abaisse à un
certain niveau de force inférieur à *celui qui peut résister sans difficulté aux travaux, aux perturbations
et aux dangers ordinaires*, la mortalité n'est pas
toujours diminuée, et, d'autre part, la vie, cessant
d'être une jouissance, devient un fardeau [1]. »

Telles sont les considérations des darwinistes sur
l'abaissement physique des races par une philanthropie mal entendue. Ces considérations montrent
bien que les moralistes, les économistes, les législateurs et les politiques doivent sortir de la routine
traditionnelle pour calculer, d'après les lois de la
biologie et de la sociologie contemporaines, les
effets à venir des mesures qu'ils conseillent ou adoptent. C'est ce qu'oublient également les partisans
du socialisme. Toutefois, il faut se garder d'exagérer
la portée et les conséquences du théorème que nous
venons d'exposer. Il y a ici des distinctions à faire,
et ceux qui s'inspirent de Darwin ne les font pas toujours. Commençons par mettre hors de cause les malades proprement dits, qu'on les secoure à domicile
ou dans les hôpitaux. Les maladies, en effet, sont le

---

1. Herbert Spencer, *Introduction à la science sociale*, p. 367.

plus souvent accidentelles, quand elles ne résultent pas d'un défaut originel de constitution ou d'excès volontaires. En soignant des travailleurs atteints par la maladie ou victimes de quelque accident, et en leur permettant de retourner ensuite à leur travail, il est clair qu'on ne rend pas un mauvais service à la société. Supposez que la femme d'un ouvrier bien valide et actif tombe malade : si l'ouvrier est trop pauvre et si personne ne vient à son secours, il sera obligé de se surmener et de s'épuiser, ce qui sera une perte pour la société entière; les enfants bien constitués qui, si on avait secouru la mère, auraient pu vivre, tomberont malades ou mourront si la famille est réduite à la misère. Faut-il laisser mourir sans pitié ceux que la maladie atteint, comme une armée forcée d'abandonner quiconque tombe en route? C'est ce que ne soutiendra aucun darwiniste de bon sens. Et si l'on peut, au moyen du fonds social, favoriser l'assurance contre la maladie, cette mesure n'aura rien de contraire au progrès de la race.

Le théorème de Darwin ne peut donc s'appliquer qu'aux infirmes proprement dits, auxquels la philanthropie donne aussi bien ses secours qu'aux hommes atteints par des maladies accidentelles. Mais, d'abord, on pourrait faire observer à Spencer et aux darwinistes que la population infirme des hôpitaux ou le nombre des assistés à domicile est une faible partie de la nation; il n'y a pas grand inconvénient pour les valides à secourir ces invalides. De plus, les infirmes des hospices ne contractent guère mariage et l'on n'a pas beaucoup à craindre leur postérité. Au reste, on pourrait mettre des conditions et parfois des empêchements légaux à leur mariage, si la chose devenait absolument nécessaire. Il en est de même des infirmes qui reçoivent des secours à domicile : quand ils ont quelque infirmité physique notoire, ils ne songent guère et ne trouvent guère à se marier. De plus, le théorème darwiniste prouve trop, car il ne s'applique pas seulement aux faibles de corps que la philanthropie privée ou sociale prend sous sa protection; pour être logique, il faudrait transporter ce théorème au sein même de chaque famille et soutenir que tout enfant mal conformé ou débile ne mérite pas de vivre. On ne dira plus : « Malheur aux vaincus! » mais : « Malheur aux faibles! » En effet, si un père ou une mère ne conservent la vie de leur enfant qu'à force de soins, si un médecin y emploie de son côté toute sa science, cet amour paternel ou maternel, cette science du médecin, n'auront fait que préparer « artificiellement à la société un membre sans vigueur »; et celui-ci, à son tour, par le mariage, mettra au monde des enfants encore moins vigoureux. Le procédé des Spartiates à l'égard des enfants chétifs redeviendra donc celui de la sociologie perfectionnée et du nouveau socialisme. On essayera les hommes comme on essaye de nos jours les fusils, en jetant au rebut ceux qui ne peuvent supporter une certaine pression. C'est au sein de la famille, plutôt que dans les hospices, qu'on lutte à force d'art contre l'élimination naturelle des moins vigoureux; nous ne voyons donc pas que la philanthropie publique soit ici responsable des principaux inconvénients; c'est l'amour paternel ou maternel qu'il faudrait mettre en cause, et comme cet amour a infiniment plus d'avantages pour la société qu'il n'a d'inconvénients, il faut l'éclairer et non le diminuer.

C'est plutôt avant le mariage qu'après la naissance des enfants que le vrai problème se pose et que la prévoyance doit s'exercer, dans l'intérêt de l'humanité même. Il y a là, avant tout, une question morale, et c'est au moraliste qu'il appartient d'abord de faire comprendre à l'individu infirme, mal constitué ou malade, la grave responsabilité qu'il accepte en contractant mariage et en risquant de faire retomber sur ses enfants les maux dont il souffre. « L'homme, remarque Darwin, étudie avec la plus scrupuleuse attention le caractère et la généalogie de ses chevaux, de son bétail, de ses chiens avant de les unir entre eux, précaution qu'il ne prend jamais quand il s'agit de son propre mariage [1]. » Il est certain que l'individu qui en appelle un autre à la vie n'est pas seul en cause dans la question et que, s'il fait bon marché pour son compte des maux physiques, il doit hésiter

1. Darwin, *la Descendance de l'homme*, t. II, p. 438.

avant d'y condamner sa postérité. Mais faut-il aller plus loin et faire de la question morale une question sociale ou juridique? L'État, le protecteur naturel du droit des tiers, doit-il ici intervenir .pour leur intérêt moral et même pour les questions de pure fortune? — Darwin et ses partisans, tels que M. Ribot, sont assez portés à faire intervenir l'État, soit dès à présent, soit losrque les mœurs auront préparé cette intervention socialiste. « Lorsqu'on aura mieux compris, dit Darwin, les principes biologiques, par exemple les lois de la reproduction et de l'hérédité, nous n'entendrons plus des législateurs ignorants repousser avec dédain les plans que nous leur soumettons... plans destinés à vérifier si, oui ou non, les mariages consanguins sont nuisibles à l'espèce. » Selon Darwin, les deux sexes doivent s'interdire le mariage lorsqu'ils se trouvent dans un état trop marqué d'infériorité de corps et d'esprit. Il en est de même de ceux « qui ne peuvent éviter une abjecte pauvreté pour leurs enfants, car la pauvreté est non seulement un grand mal en soi, mais elle tend à s'accroître en entraînant à sa suite l'insouciance dans le mariage. » M. Ribot espère avec raison que les mœurs finiront par tenir compte des données de la science dans cette grave question [1], mais il laisse entrevoir l'intervention finale de la loi. C'est là, selon nous, un

1. *L'Hérédité psychologique*, p. 382.

moyen dangereux et une forme de socialisme peu
acceptable. En prétendant favoriser des mariages
bien assortis au point de vue physique, la loi pourrait d'abord favoriser la débauche et la naissance des
enfants illégitimes. Or, la débauche et l'union tem-.
poraire des sexes, non accompagnée de prévoyance
ni de charges déterminées, « encombrerait » la
société de « non-valeurs » encore bien plus que les
mariages des êtres faibles. En second lieu, l'intervention de la loi pourrait, plus encore que ne le fait
parfois celle des parents, empêcher des mariages
bien assortis au point de vue moral et intellectuel,
comme au point de vue du cœur. Enfin les gouvernements sont encore moins infaillibles que les
parents quand il s'agit de prendre une décision relative à l'avenir des enfants. Tout ce qu'on pourrait
faire, ce serait d'exiger que ceux qui veulent se
marier justifient de leurs moyens d'existence et de
la possibilité d'élever leurs enfants. Encore faudrait-
il, répétons-le, éviter d'encourager, comme en Allemagne, les naissances illégitimes. Mais cette question n'est pas, à vrai dire, du ressort de la philan·
thropie proprement dite, dont nous nous occupons
plus spécialement. La philanthropie ne peut être ici
accusée que pour les secours qu'elle donne aux faibles de corps, pour la prolongation artificielle de leur
existence et pour le moyen qu'elle peut leur fournir
de mettre au monde des enfants encore plus faibles.
Or, sur ce point, les darwinistes exagèrent le mal

causé par la philanthropie, car ils oublient qu'elle
ne peut entièrement transformer la nature : son
pouvoir se borne soit à prolonger l'existence de l'individu (ce qui n'est pas un grand mal), soit à prolonger sa race pendant un temps plus ou moins
court. De deux choses l'une : ou le mal secouru par
la philanthropie est un germe fatal de déchéance et
de mort pour la postérité de l'homme secouru, et
alors la bienfaisance ne fera que retarder, sans
l'empêcher, l'inévitable extinction de cette postérité ;
ou, au contraire, le mal est réparable et la postérité
peut se relever, se fortifier, se perfectionner, en un
mot gravir la montagne au lieu de redescendre ; et
alors faut-il blâmer la philanthropie d'avoir tendu
une main secourable à ceux qui allaient tomber
pour jamais ? Ce dilemme, l'avenir seul peut le résoudre dans chaque conjoncture particulière : comment donc en préjuger la solution, et cela au profit
des sentiments les plus impitoyables ? Nous verrons
tout à l'heure que les inconvénients, quand ils existent, sont eux-mêmes compensés par des avantages.
La conclusion naturelle est que, si le moraliste ne
saurait trop se préoccuper de ces problèmes complexes, le législateur ne saurait être trop prudent
quand il s'agit d'intervenir, car cette intervention
est encore bien plus « artificielle » et peut être plus
dangereuse que l'intervention de la philanthropie [1].

1. Il y a d'ailleurs un fait établi par la statistique : malgré
la propagation plus grande des faibles dans nos sociétés ci-

Passons maintenant de l'action que la philanthropie peut exercer directement sur les individus
à celle qu'elle peut exercer sur le milieu en le ren-
dant plus favorable aux faibles et aux chétifs. Il y a
encore ici une importante distinction que les darwinistes négligent trop souvent de faire. Parmi les
conditions de milieu, d'hygiène et de santé qu'on
peut ménager à un ensemble d'hommes, il faut
noter d'abord les conditions *normales*, qui tendent
à assurer le développement ou le fonctionnement
normal des organes, par exemple un air pur, des
aliments nourrissants et suffisants, des vêtements
sains, des habitations salubres, un travail propor-
tionné aux forces, etc. Une philanthropie qui
s'efforce de réaliser ces conditions pour le plus
grand nombre d'hommes possible agit évidemment
dans le sens même de la nature : elle fortifie les
générations, loin de les affaiblir. Ce serait un so-
phisme de prétendre qu'on fortifierait encore plus
les générations en les habituant à se passer de ces
conditions favorables, car on ne s'habitue point à
se passer du nécessaire : le budget de la nature
et de la vie est fixé et ne peut varier que dans

vilisées, sous l'influence des sentiments philanthropiques, et
malgré l'accroissement de la population, la longévité est
aujourd'hui plus grande qu'autrefois. C'est une preuve que,
jusqu'ici, la diminution de certaines causes de mortalité l'a
emporté sur l'accroissement des autres. De plus, l'affaiblissement des générations présentes peut provenir du surcroît
d'impulsion donné à l'industrie dans des conditions encore
très défectueuses et que l'avenir doit améliorer.

des limites restreintes. Que dirait-on d'un père de famille qui, pour exercer la puissance nutritive de ses enfants, prétendrait les habituer à vivre sans manger, qui, pour' exercer leurs poumons, les placerait dans une atmosphère viciée, qui, pour exercer leur sens de la vue, les ferait travailler et lire dans une chambre sans lumière? Ce serait là se proposer un problème insoluble comme celui de faire vivre un poisson hors de l'eau. En fait, les populations soumises à des influences malsaines deviennent chétives et maladives; la croissance des enfants avorte : ils sont anémiques, faibles, petits de taille, maigres, frappés d'infirmités telles que les goitres, la pellagre, les ophtalmies, le crétinisme. On ne fortifierait pas l'humanité en lui faisant habiter les contrées malsaines plutôt que les contrées saines. De même, un excès de travail épuise l'intelligence et le corps des générations comme des individus. Sans doute les plus forts survivent, mais ils survivent affaiblis et, quoique relativement forts, ils sont réellement devenus faibles : ce sont des borgnes parmi des aveugles. On a ainsi obtenu artificiellement une survivance de faibles qui à leur tour engendreront des faibles. L'argumentation des darwinistes pourrait donc se retourner, et nous poserons à notre tour le théorème suivant : — Réaliser les conditions normales les plus favorables au développement de l'humanité, c'est assurer le développement et la sélection d'une majorité de forts, tout

en ne sauvant qu'une minorité de faibles; car il est
exceptionnel d'être malade quand on est dans les
meilleures conditions d'hygiène et de nourriture.

C'est seulement, selon nous, pour les conditions *anormales* qu'est valable le raisonnement de
Spencer, reproduit par de Candolle. Si l'on élève
les enfants dans la mollesse, dans la paresse intellectuelle et physique, si on les nourrit de sucreries
au lieu de pain et de viande, si on les élève en
serre chaude et non au grand air, si on ne les laisse
prendre aucun exercice, de peur qu'ils ne se fati-
guent : il est clair qu'on les abâtardit et qu'on prépare, par leur intermédiaire, l'abâtardissement de
la race elle-même. En un mot, c'est le luxe, c'est la
mollesse et l'oisiveté qui sont des causes de décadence pour une génération. Il n'est pas étonnant, à
ce point de vue, que le docteur Jacoby ait pu démontrer l'inévitable extinction qui attend toute famille
royale ou aristocratique, qu'il s'agisse des Césars,
des Médicis, des Valois, des Bourbons, de notre
noblesse française, de l'aristocratie vénitienne ou des
lords anglais : car c'est dans ces familles que les
causes de décadence, inséparables du pouvoir et de
la richesse, produisent leurs résultats fatals. « La
stérilité, les psychopathies, la mort prématurée et
finalement l'extinction de la race ne constituent pas
un avenir réservé spécialement et exclusivement
aux dynasties souveraines : toutes les classes privilégiées, toutes les familles qui se trouvent dans des

positions exclusivement élevées, partagent le sort
des familles régnantes, quoique à un degré moindre,
qui est toujours en rapport direct avec la grandeur
de leurs privilèges et la hauteur de leur fonction
sociale [1]. » Mais, une fois ce principe accordé, nous
demanderons aux disciples pessimistes de Darwin si
la philanthropie a l'habitude d'assurer aux indigents
le luxe et la vie molle des aristocraties. — Elle
permet du moins, nous dira-t-on, l'oisiveté ; — mais
c'est alors la faute de ceux qui viennent au secours
des travailleurs, car ils ont le droit et le devoir
d'exiger du travail en échange de leur assistance.

Nous n'avons encore examiné que le premier des
théorèmes darwiniens relatifs aux effets de la philanthropie mal appliquée : une société peut baisser sous
le rapport physique par la conservation artificielle
de ses membres les plus faibles, si elle n'agit pas
dans le vrai sens de la nature. Mais les darwinistes
ajoutent qu'elle baisse aussi sous le rapport moral
par la conservation artificielle des individus « les
moins capables de prendre soin d'eux-mêmes ».
Le principe sur lequel ce nouveau théorème repose,
c'est que les lois de l'hérédité et de la sélection
s'appliquent au moral comme au physique. Ce principe, nous reconnaissons que MM. Galton, Ribot et
Jacoby l'ont mis hors de doute. Les vices moraux
finissent par se transmettre, comme les vices physi-

1. *Introduction à la science sociale*, p. 431.

ques, de génération en génération, quand ils sont depuis longtemps implantés dans les familles ou les races. Darwin insiste beaucoup sur la transmission de cette qualité morale qu'on appelle le *caractère*, la force de volonté, le courage, la fierté qui fait que l'on compte sur soi et non sur les autres; d'autre part, selon lui, il est des gens lâches, paresseux et insouciants par droit de naissance, tels que les Irlandais. Transportez sur une même terre un certain nombre d'Irlandais et autant d'Écossais, dit Darwin : au bout d'un temps déterminé, les Irlandais seront devenus dix fois plus nombreux que les Écossais, mais ceux-ci, grâce à leurs qualités héréditaires, seront tous à la tête et occuperont les hautes places[1]. Si quelqu'un conteste, dit à son tour Spencer, que les enfants ressemblent à leurs parents par leur caractère moral et leur capacité intellectuelle, s'il conteste que les fils et les petits-fils des criminels ont des tendances moins bonnes que les enfants dont les parents et les grands parents étaient industrieux et honnêtes, il peut admettre sans inconséquence qu'il n'importe point à la société de quelles familles sortent et sortiront les générations succes-

---

1. Encore faut-il, ici même, faire la part de l'éducation. Mettez des enfants irlandais dans les berceaux de jeunes Écossais, sans que les parents s'aperçoivent de la substitution, et faites-les élever par les Écossais : vous aurez probablement la surprise de reconnaître que le résultat final ne sera pas beaucoup modifié. Stuart Mill a fait remarquer avec raison que les Irlandais, paresseux chez eux, deviennent très laborieux en Amérique.

sives; il peut ne voir aucun inconvénient à ce que
les plus actifs, les plus capables, les plus prudents,
les plus consciencieux meurent sans postérité, tandis que les gens insouciants et malhonnêtes laisse-
ront beaucoup d'enfants. « Mais quiconque n'admet
pas cette théorie absurde, doit accorder que les
arrangements sociaux sont extrêmement funestes
quand ils s'opposent à la multiplication des individus les mieux doués intellectuellement et qu'ils favorisent la multiplication des hommes mal doués. »
Aidez-vous les moins « méritants » à se propager, en
les affranchissant de la mortalité à laquelle les voue-
rait naturellement leur absence de mérite, le mérite
même deviendra de plus en plus rare de génération
en génération. De plus, outre leur propre conservation et la conservation de leurs familles, les bons
sont aussi obligés de veiller à la conservation des
mauvais et de leurs familles, et ils sont ainsi exposés
à être surmenés. C'est ce dont se plaignait également Stuart Mill; grâce à l'inintelligent emploi de
l'*income tax* et à l'obligation pour toute commune
de nourrir ses pauvres, ce sont les travailleurs qui
sont forcés de nourrir les paresseux. Est-ce là de la
justice? Dans certains cas, cette situation empêche
les hommes laborieux de se marier; dans d'autres,
elle restreint le nombre de leurs enfants ou les oblige
à ne leur donner qu'une nourriture insuffisante;
dans d'autres cas, elle enlève les hommes laborieux
à leur famille; de toute façon, elle tend à arrêter la

propagation des capables, à altérer leur constitution, à la ramener au niveau des incapables. Pendant ce temps-là ceux-ci croissent et se multiplient, conformément à la sagesse fort douteuse de la Bible; ils pullulent aux dépens d'autrui. « C'est, dit Spencer, une réserve de misères amassée à dessein pour les générations futures. On ne peut faire un plus triste cadeau à la postérité que de l'encombrer d'un nombre toujours croissant d'imbéciles, de paresseux et de criminels. Aider les méchants, c'est au fond préparer malicieusement à nos descendants une multitude d'ennemis. On a le droit de se demander si la sotte philanthropie qui ne pense qu'à adoucir les maux du moment et persiste à ne pas voir les maux indirects, ne produit pas au total une plus grande somme de misère que l'égoïsme extrême [1]. »

Telles sont, dans toute leur force, les objections de Spencer et de Darwin. Selon nous, elles tombent encore ici sur l'exercice aveugle et irrationnel de la philanthropie, plutôt que sur la philanthropie même. Poussé trop loin, le théorème relatif à l'abaissement intellectuel et moral des sociétés aurait des conséquences encore plus inadmissibles que le théorème relatif à leur abaissement physique. En effet, la loi d'hérédité intellectuelle et morale, qui en est le principe, est beaucoup plus vague et plus lâche que la loi d'hérédité physique. Que signifient ces expres-

---

1. *Introduction à la science sociale*, p. 369.

sions peu précises : « Une société baisse par la conservation artificielle des individus les *moins capables de
prendre soin d'eux-mêmes ?* » M. Spencer veut-il
dire que les parents habitués, par exemple, à solli-
citer les bureaux de bienfaisance, engendreront des
enfants doués du penchant inné à se diriger vers les
bureaux de bienfaisance? Sans doute l'Angleterre
offre le spectacle de ces pauvres qui sont assistés
par les communes de père en fils : ce sont pour
ainsi dire les lords de la mendicité; c'est l'indigence
héréditaire élevée à la hauteur d'une institution.
Les mères pauvres s'entourent de leurs nombreux
enfants comme d'autant de titres à l'assistance : ce
sont des Cornélies d'un nouveau genre. Mais à qui
la faute? N'est-ce pas aux distributeurs de la taxe
pour les pauvres, lesquels, d'ailleurs, font chaque
jour des progrès sous ce rapport? N'est-ce pas aussi
à la mauvaise éducation reçue par les enfants, plutôt
qu'à l'hérédité du tempérament? Si ces enfants
étaient élevés avec ceux d'un seigneur, manifeste-
raient-ils le penchant inné à mendier ou à se faire
assister par autrui? En général, nous croyons que
Spencer et Darwin, comme MM. Jacoby et Ribot,
font une part trop forte à l'hérédité, une part trop
faible à l'éducation et aux circonstances.

Il ne faut pas oublier non plus la part de l'organisation sociale et politique en Angleterre. En France,
grâce au régime d'égalité, il y a quatre ou cinq millions de propriétaires, et, de plus, la population y

croît assez lentement pour inquiéter ceux qui se préoccupent avant tout de la puissance matérielle et militaire d'une nation. En Angleterre, le sol est possédé par trente mille personnes, et il y en a la moitié aux mains de cent cinquante grands propriétaires. Grâce à cet accaparement féodal et à ce régime d'inégalité (pour lequel plusieurs de nos écrivains montrent aujourd'hui des regrets platoniques), ni les ouvriers ni les villageois ne peuvent vivre sans l'aide des taxes pour les pauvres. Les lords s'étant arrogé le monopole de la richesse, une partie de la nation serait réduite à la plus extrême misère s'ils ne daignaient compenser leur injustice par leur charité. Ils y arrivent d'ailleurs dans une certaine mesure, il faut le reconnaître, puisque depuis trente ans le nombre des indigents assistés a diminué de moitié. Il est vrai que la misère en Angleterre, là où elle subsiste, demeure plus profonde et plus affligeante qu'ailleurs. La situation des ouvriers agricoles est bien inférieure à celle de nos paysans français [1]. « Pour la plus grande partie de l'Angleterre, les gages du travailleur agricole varient entre 6 et 12 shillings par semaine ; son loyer lui coûte un shilling par semaine : impossible de vivre là-dessus avec une femme et seulement deux enfants [2]. » Or, grâce au zèle des prédicateurs bibli-

1. Voir à ce sujet M. A. Coste, *Hygiène sociale contre le paupérisme*, introd., ch. III.
2. *Fortnightly Review*, janvier 1871.

ques et à l'imprévoyance traditionnelle des pères de famille, ils ont en moyenne huit enfants, parfois quatorze ou seize. Qu'en résulte-t-il? Qu'ils ne peuvent se passer de l'assistance publique ou privée. « Pas un journalier de campagne, dit Grote [1], ne vit ou ne soutient sa famille avec ses gages seulement; il subsiste en partie sur ses gains et en partie sur l'aumône. » N'ayant point l'espoir de devenir propriétaire comme le paysan français, le campagnard anglais est dépensier, exigeant en fait de confortable, et, de même que sa fécondité réalise l'idéal de l'Ancien Testament, son imprévoyance réalise celui du Nouveau : « A chaque jour suffit sa peine [2]. » Quant aux ouvriers des manufactures,

---

1. *Collected Papers*, p. 76.
2. « Après mûre réflexion, dit M. Le Play (*la Réforme sociale*, II, 35), je préfère la condition des journaliers ruraux de France, d'Espagne, d'Allemagne, qui, à force de sobriété et d'épargne, s'assurent avant toute autre satisfaction la propriété d'un lambeau de terre et d'une humble cabane... J'ai toujours remarqué que le besoin préalable de confort ferme à l'ouvrier anglais et à ses descendants le chemin qui conduit à la propriété et à l'indépendance. » — Est-ce seulement le besoin de confort qui ferme ce chemin, ou n'est-ce pas surtout la loi anglaise? — « Un de nos amis », dit à son tour M. Taine (*Notes sur l'Angleterre*, page 184), « membre du bureau de bienfaisance dans son village, fit allouer 15 shillings par semaine à un ménage qui avait quatorze enfants : ni la femme, ni la fille aînée, âgée de quinze ans, ne savaient faire la soupe, un rôti, un plat quelconque; elles allaient chez les marchands acheter du pain frais, du thé, du beurre, du jambon, et toujours au plus cher; tout le monde dans la famille pouvait sarcler un champ, personne ne savait faire cuire une côtelette... D'ailleurs une paysanne, et, en général toute femme de la classe inférieure en Angleterre, manque

leur fécondité et leur imprévoyance sont plus grandes encore [1].

d'adresse; elle n'a pas, comme une Française, le talent du ménage, l'esprit d'ordre, l'habitude de marchander, l'art de faire beaucoup avec peu de chose, et quelque chose avec rien; elle ne sait pas raccommoder, retourner un habit, tirer parti d'un plat; bien souvent elle n'est pas capable de faire la cuisine. » M Grote remarque en outre que la viande, qui était autrefois un luxe parmi les paysans, est devenue un besoin de chaque jour depuis la transformation de l'agriculture : autrefois ils n'en mangeaient qu'une fois par semaine ; maintenant il leur faut de la viande fraîche tous les jours, et l'Angleterre, qui en produit tant, est obligée d'en faire venir encore du Danemark et de la Hollande. (*Collected Papers*, p. 73.)

1. M. Taine a décrit jadis en ces termes (qui seraient peut-être aujourd'hui exagérés) le résultat en Angleterre de ce régime d'inégalité dont il reproche si amèrement l'abolition à la France de 1789 : « Il est six heures, et nous revenons par les quartiers pauvres. Quel spectacle ! Aux environs de Creeds-street, il y a quinze ou vingt rues tendues de cordes en travers, où sèchent des haillons et des linges. Sur chaque escalier grouillent des troupeaux d'enfants, échelonnés par cinq ou six sur les marches, l'aîné portant le plus petit; figures pâles, cheveux blanchâtres, ébouriffés, guenilles trouées, ni bas ni souliers, tous ignoblement sales; le visage et les membres semblent encroûtés de poussière et de suie. Il y a peut-être deux cents enfants qui se vautrent et se battent ainsi dans une seule rue. — On approche, et l'on voit dans le demi-jour du couloir la mère, une grande sœur accroupie, presque en chemise... La vieille grand'mère idiote est assise dans un coin; la femme essaye de raccommoder les pauvres hardes, les enfants se bousculent. L'odeur est celle d'un magasin de chiffons pourris. Presque toutes ces maisons ont pour rez-de-chaussée un sous-sol dallé, humide. Se figure-t-on la vie dans ces caves en hiver? — Quelques enfants tout petits sont encore frais et roses, mais leurs grands yeux bleus font mal à voir, ce beau sang va se gâter; plus âgés, ils s'étiolent : la chair devient flasque et d'une blancheur malsaine; on voit des visages scrofuleux, de petites plaies recouvertes d'un morceau de papier. — Nous avançons

On aura beau jeter l'or à pleines mains, impossible de combler cette sorte de tonneau des Danaïdes; la charité pure, tout en soulageant les misères, est impuissante à en supprimer les causes et à suppléer à la justice [1]. De même, la religion ne saurait remplacer la science. « Il est une chose, dit Spencer, qui appelle une réprobation sévère : c'est ce gaspillage d'argent inspiré par une fausse interprétation de la maxime bien connue : La charité efface une multitude de péchés. Chez les nombreuses personnes qui s'imaginent, par suite de cette

et la foule augmente. De grands garçons, assis ou demi-couchés sur le trottoir, jouent avec des cartes noires. Des vieilles barbues, livides, sortent des boutiques à gué: leurs jambes flageolent; leur regard morne et leur sourire hébété sont inexprimables: il semble que les traits ont été lentement corrodés par le vitriol. Les haillons tiennent à peine et montrent par place la chair crasseuse; ce sont d'anciens habits élégants, des chapeaux de dames. Détail horrible, ces rues sont régulières et paraissent assez nouvelles; probablement c'est un quartier réformé, aéré par une administration bienfaisante; voilà ce qu'on a pu faire de mieux pour les pauvres. La file uniforme des maisons et des trottoirs s'allonge des deux côtés, encadrant de ses lignes mathématiques cet amas fourmillant de laideurs et de misères humaines. Et je n'ai pas vu le quartier des Irlandais. Ils affluent ici; on dit qu'il y en a cent mille: leur quartier est le dernier cercle de l'enfer. — Non pas, pourtant, il y a pis et plus bas, notamment, me dit-on, à Belfast, en Irlande, où le soir, au sortir de la manufacture, les filles, sans bas, sans souliers ni chemise, en blouse grise de travail, s'attardent sur le trottoir pour ajouter quelques pence au salaire de la journée. » (*Notes sur l'Angleterre*, 304.)

1. « Allez partout où vous voudrez, dit M. Grote, le trait permanent de chaque *country seat*, ce sont les occupations de charité. Quelle est la résidence rurale où un hôte est à l'abri de l'assiette passée à la ronde ou du livre de souscription? Y a-t-il un dîner en province où la loi des pauvres, le

fausse interprétation, qu'en donnant beaucoup elles peuvent expier leurs mauvaises actions, nous pouvons reconnaitre un élément de véritable bassesse. On s'efforce d'acquérir une bonne place dans l'autre monde sans s'inquiéter de ce qu'il en peut coûter à ses semblables [1]. »

Mais, demanderons-nous, Spencer voit-il le mal et le remède où ils se trouvent réellement, lorsqu'il attribue l'insouciance et la paresse des indigents à l'hérédité, et qu'il se préoccupe surtout d'empêcher une nouvelle transmission de ces vices par le sang aux générations futures? Les meilleurs procédés de sélection darwinienne seront sans grand résultat en l'absence d'une bonne éducation, et l'éducation elle-même aura peu de puissance en l'absence de lois justes sur la propriété, les impôts, les assurances. Il faut donc rétablir dans le problème ces deux éléments essentiels que les darwinistes laissent de côté : l'éducation et les lois.

comité des administrateurs et autres sujets semblables ne prennent dans la conversation la première place? Il n'est que tout juste prudent d'accompagner l'hôte chez qui vous êtes à l'office de l'après-midi à sa paroisse, car il y a dix à parier contre un que vous serez pris par une collecte à la porte de l'église, après le sermon. Tout cela outre une taxe des pauvres qui monte à quelque chose comme 7 millions sterling par an. » (*Collected Papers*, p. 53.) Aujourd'hui, la taxe des pauvres est environ de 250 millions de francs.

1. *Introduction à la science sociale*, p. 370. On peut ajouter que bien des associations religieuses, particulièrement en France, favorisent involontairement l'hypocrisie, en faisant de leurs secours un moyen de propagande et en imposant les pratiques du culte comme condition de leurs bienfaits.

CHAPITRE III

Nous avons reconnu, tout en les ramenant à leur juste mesure, les inconvénients de la philanthropie lorsqu'elle prend pour règle le sentiment vague de l'amour chrétien ou de la fraternité socialiste, plutôt que les idées précises et scientifiques de justice ou d'intérêt général ; nous devons faire voir les avantages qui peuvent, en une certaine mesure, compenser ces inconvénients. C'est un point de vue sur lequel les darwinistes n'ont pas assez insisté.

Le premier avantage des institutions philanthropiques, lorsqu'elles sont bien entendues et soumises aux règles de la science, c'est de tendre à diminuer parmi les hommes les excès d'inégalité, soit économique, soit politique, soit intellectuelle. Or, la nécessité de rétablir parmi les hommes une certaine égalité ressort des lois mêmes de la sélection naturelle. Il est remarquable que ces lois, après avoir paru d'abord favorables aux aristocraties et aux institutions aristocratiques, sont aujourd'hui invoquées en faveur de l'égalité sociale. Selon le docteur Jacoby, « l'inégalité politique et économique » produit, en vertu même des lois de la sélection, « l'ignorance et la misère en bas, la folie, le crime et la stérilité en haut... De l'immensité humaine surgissent des individus, des familles et des races qui tendent à s'élever au-dessus du niveau commun; ils gravissent péniblement les hauteurs abruptes, parviennent au sommet du pouvoir, de la richesse, de l'intelligence, du talent, et, une fois arrivés, sont précipités en bas, disparaissent dans les abîmes de la folie et de la dégénérescence. La mort est la grande niveleuse : en anéantissant tout ce qui s'élève, elle démocratise l'humanité [1]. » Les hommes paraissent donc avoir été organisés, selon le docteur Jacoby, « en vue de l'égalité ». Toute distinction trop tranchée en classes politiques, économiques ou intellectuelles, et toute sélection, qui est la conséquence logique et naturelle de cette distinction, sont également funestes à l'humanité, aux élus comme au reste des humains, « produisant *manque* chez ces derniers, *excès* chez les premiers de l'élément qui est le principe de la distinction des classes ». Dès qu'une partie de l'humanité a quelque chose en trop grande quantité, qu'il s'agisse de propriétés maté-

---

1. *De la Sélection*, p. 606 et suiv.

rielles ou de qualités intellectuelles, le reste de
l'humanité se trouve immédiatement en avoir trop
peu, et les deux parties souffrent également de cet
excès comme de ce défaut. Mais la nature paraît
vouloir se venger de cette violation de ses lois, et
frappe cruellement les élus, les heureux, les châtiant
« dans leur quatrième et leur septième génération ».
Les lois de la nature sont immuables, et malheur à
qui les viole! « Chaque privilège que l'homme s'accorde est un pas vers la dégénérescence, les phré-
nopathies, la mort de sa race. » En abaissant qui
veut s'élever au-dessus du niveau commun de l'humanité, en châtiant les orgueilleux, en se vengeant
de l'excès de bonheur, la nature charge les privilégiés d'être eux-mêmes les bourreaux de leur race.
« Trop de bonheur offense et indigne les dieux,
pensaient les anciens, et l'étude médicale des conséquences de toute distinction intellectuelle ou morale, de toute sélection, nous a conduit à la même
conclusion : *Humana imprudentia impares esse voluit
quos Deus æquaverat;* la folie humaine veut rendre
inégaux ceux que Dieu avait faits égaux, dit le pape
Clément IV. » — Mais, s'il en est ainsi, les darwinistes peuvent-ils se plaindre de ce que la philanthropie s'efforce de diminuer, dans une certaine mesure, les inégalités nées du régime social? N'agit-elle
pas, en ce cas, dans le sens même de la nature et
conformément à son vœu?

Nous serions d'ailleurs moins pessimiste que

M. Jacoby à l'égard des distinctions et sélections de toute sorte. La théorie que M. Jacoby a déduite du darwinisme, si on la poussait à l'extrême sans faire les distinctions et restrictions nécessaires, irait à détruire les principes mêmes dont on la tire et serait le renversement des lois posées par Darwin : en effet, toute supériorité, supposant une dépense de force, pourrait devenir par cela même, dans la lutte pour la vie, un germe de dégénérescence au lieu d'être un germe de grandeur. Il n'y aurait de vraiment durable que ce qui ne s'élèverait pas au-dessus du niveau commun : les êtres vivants ressembleraient à ces coraux, à ces madrépores qui forment des continents à la condition de ne point dépasser le niveau de la mer et de ne pas venir mourir au-dessus de sa surface. Il faut évidemment distinguer ici les inégalités utiles et nuisibles, les inégalités naturelles et acquises; parmi ces dernières elles-mêmes il faut distinguer celles qui sont dans le sens de la nature et celles qui vont à l'opposé. Ce sont ces distinctions mêmes, trop négligées par M. Jacoby comme par la plupart des socialistes, que la philanthropie scientifique doit, selon nous, avoir toujours devant les yeux. Son but doit être de rétablir, autant qu'il est possible, une certaine égalité là où les arrangements sociaux ont établi des inégalités artificielles, nuisibles et contre nature. Répandre et égaliser l'instruction générale, les sentiments moraux, le travail, les instruments premiers et essentiels du travail, toutes les

formes de la propriété vraiment sociale, relever ce
qui est dans l'abaissement, ramener à la lumière commune ce qui est dans les ténèbres, rendre à la vie et
à la santé ce que la misère menaçait de maladie ou
de mort, c'est faire de la vraie justice réparative, c'est
en même temps rétablir une certaine égalité entre
les hommes dans la grande concurrence pour la vie,
c'est par cela même supprimer les inégalités factices
pour donner libre jeu aux supériorités naturelles,
par essence bienfaisantes et non plus malfaisantes.
On le voit, c'est ici la théorie même de la sélection
qui vient à l'appui des sentiments philanthropiques
contre lesquels elle avait fourni des objections.

Cette conservation même des « faibles » que blâ-
ment les partisans de Darwin, si elle peut devenir
parfois dangereuse pour la santé physique de la
race, ne peut-elle aussi préserver de la mort des
intelligences utiles ou même supérieures, qui, sans
les soins de la famille ou sans les secours d'une
assistance étrangère, n'eussent pu vivre ou se développer? Faut-il se plaindre de ce qu'un Pascal, un
Spinoza, ont été arrachés à la mort dont les menaçait dès l'adolescence leur constitution débile? Que
d'enfants pauvres qui, grâce à l'aide qu'ils ont ren-
contrée, sont devenus plus tard de grands savants
ou de grands artistes! C'est là un second avantage
de la philanthropie. Après avoir corrigé les inégalités nuisibles, elle favorise les supériorités utiles.
De plus, la conservation des organismes que la

8

misère aurait détruits amène, en vertu de la concurrence vitale, un essor croissant de l'intelligence,
laquelle devient de plus en plus nécessaire : tous
ceux qui ne peuvent compter sur la vigueur de leurs
membres sont obligés, dans la lutte pour la vie, de
faire appel à leur esprit. Les autres ont dû dépenser
beaucoup d'intelligence pour les préserver de la
mort, et eux-mêmes sont obligés d'en dépenser
à leur tour pour se conserver, pour se nourrir, pour
se faire une place au soleil. De là une élévation
progressive du niveau intellectuel dans toute la
masse de la nation. Ce mouvement n'est, sur bien
des points, que celui de la civilisation même, à
laquelle la philanthropie est corrélative.

Il est vrai que nous rencontrons ici une objection
nouvelle : on nous représente le talent, et surtout le
génie, comme des avantages individuels qui se payent
au prix de la race. Non seulement on répète avec
Platon qu'une âme maîtresse de soi frappe en vain
aux portes de la poésie, avec Aristote qu'il n'y a
point de grand génie sans mélange de folie, avec
Sénèque « qu'on ne peut faire entendre rien de
grand ni de supérieur au vulgaire sans un certain·
trouble de l'esprit », mais encore on étend à la race
du grand homme le trouble et le germe morbide,
qui, en se transformant plus ou moins, fait chère-
ment payer aux enfants la gloire des pères. « Chaque
homme de génie, de talent, dit M. Renan, est un
capital accumulé de plusieurs générations. » — « Ce

capital accumulé et personnifié dans un homme, ajoute M. Jacoby, ne rentre plus dans la richesse commune : il est perdu pour elle, du moins au point de vue physique; il est retiré de la circulation, et son seul reliquat n'est que folie, misère, dégénérescence de la postérité. » Rien ne se fait de rien, et toute production suppose consommation. « La science, l'art, les idées, pour naître et se développer, consomment des générations et des peuples. » Individus et nations s'épuisent par la production, « comme les terrains non fumés, puisque les produits ne retournent plus au fonds commun et sont matériellement perdus pour lui [1] ». M. de Candolle, à son tour, montre que l'homme civilisé, par le fait même de sa supériorité intellectuelle, est généralement inférieur au sauvage en force physique et en santé. Chez le sauvage, en effet, les conditions principales de la sélection sont une vue perçante, la finesse de l'ouïe, la force musculaire, la faculté de résister au froid, au chaud, à l'humidité, à la faim. L'homme civilisé n'a pas au même degré ces qualités; ce qu'il a gagné d'un côté, il le perd de l'autre, et la loi d'équivalence des forces se vérifie ici comme ailleurs. Le cerveau ne s'accroit qu'aux dépens des muscles; l'homme qui pense est certainement un animal dépravé. Tels sont les inconvénients du développement intellectuel, que la philanthropie

1. *De la Sélection*. p. 607.

moderne tend à favoriser aux dépens de la force physique.

Nous sommes loin de vouloir nier ces inconvénients, mais il n'en faut pas tirer des conclusions dépassant les prémisses. La science sociale a sans doute raison de le dire : il y a danger, pour les individus et les peuples, à rompre entièrement l'équilibre naturel des fonctions physiques et des fonctions mentales, *mens sana in corpore sano;* si une race s'affaiblit trop rapidement sous le rapport physique, elle n'a ni le temps ni le moyen de se fortifier intellectuellement, car l'intelligence ne peut faire de réels progrès dans des organismes en décadence : tout finit donc par s'étioler à la fois, l'esprit et le corps. Mais, d'autre part, il faut pourtant veiller à ce que le mouvement naturel de la civilisation ne soit pas entravé. Ce mouvement est caractérisé par la prédominance croissante de la pensée et du sentiment chez les nations modernes. Cette prédominance favorise le développement de la philanthropie, qui la favorise à son tour par une réaction nécessaire. La question de la philanthropie, en se généralisant, finit donc par se confondre avec celle de la civilisation même. Or, on ne saurait recommencer aujourd'hui, à propos de la philanthropie, les discours de Rousseau contre l'inégalité et contre les arts; on ne saurait ramener l'homme à l'état sauvage sous le prétexte que la civilisation épuise ses forces physiques et le meilleur de sa sève dans la floraison

intellectuelle. La société entière, en profitant des
découvertes de la science ou de l'art, profite du
sacrifice des individus ou de leur postérité immédiate, si sacrifice il y a, et le profit dépasse la perte.

Cette perte même pourrait être évitée par une
meilleure entente de l'hygiène et par un meilleur
système d'éducation, qui devraient être précisément
un des buts principaux de la philanthropie et des réformes sociales. Jusqu'ici l'économie de la nature,
pour réparer les pertes de la culture intellectuelle, a
été obligée de procéder par *jachères*, en faisant succéder à une végétation trop luxuriante et trop con-
centrée sur un seul point un repos et une stérilité
provisoires; mais un système supérieur, qui a pré-
valu dans la culture de la terre, sera sans doute appliqué un jour à la culture de l'intelligence : c'est le
système des assolements et des amendements. Il devrait faire la base de l'éducation générale. De plus,
on peut éviter, ici encore, les inégalités excessives
de répartition, les antinomies du luxe intellectuel et
de la misère intellectuelle par la diffusion des connaissances dans la masse de la nation : c'est encore
un des objets essentiels et un des résultats bienfai-
sants de la philanthropie scientifique. Sans cela
l'humanité, divisée en une classe d'hommes intelligents et en une classe de brutes, ressemblerait aux
deux jumelles de Presbourg, réunies seulement par
l'extrémité postérieure du thorax : l'une était intelligente et douce, l'autre sotte et méchante, si bien

que les violences de la dernière contre sa sœur
étaient continuelles, malgré le tronc commun qui
les réunissait en un seul corps, et ces violences
devenaient préjudiciables à toutes les deux.

Outre les avantages matériels et intellectuels que
nous venons de montrer, la philanthropie a aussi
un avantage moral précieux pour la race entière.
Elle développe chez les individus et chez les peuples qui l'exercent les qualités du cœur les plus
importantes pour la vie sociale. Darwin et ses partisans sont les premiers à reconnaître, avec toute
l'école positiviste, combien est essentiel à la société
le développement des penchants « altruistes »; la
justice même est impossible sans ces penchants,
qui seuls peuvent refréner l'égoïsme. Une société
sans pitié est toujours une société sans souci du
droit. La sélection naturelle, qui s'exerce dès aujourd'hui au profit des peuples les plus intelligents,
s'exercera aussi dans l'avenir (on peut l'espérer),
au profit des meilleurs et des plus justes, lorsque l'intelligence du vrai sera assez complète pour
entraîner la volonté du mieux. La sélection donne
toujours gain de cause à ceux qui s'adaptent le plus
parfaitement au milieu nouveau; or le milieu humain, dans l'avenir, sera sans doute le règne de la
fraternité et de la justice. Ces nations seules survi-
vront donc qui se seront adaptées le mieux au type
« altruiste », c'est-à-dire qui pourront le mieux
vivre et se propager dans un milieu principalement

intellectuel et moral, où la science et la sympathie auront le premier rang, où elles constitueront la première des richesses communes.

Cette appropriation des sociétés actuelles à la société idéale, par le progrès simultané de la science et de la sympathie, entraînera probablement une transformation du type de l'espèce, un développement du cerveau plus que des autres organes, une substitution de la force intellectuelle et morale à la force physique. Déjà le cerveau actuel est une vertèbre démesurément grossie; le cerveau des races futures sera peut-être, non seulement pour le volume, mais encore et surtout pour l'organisation, aussi différent du cerveau des races actuelles que celui-ci l'est des simples vertèbres. Le système nerveux de l'homme civilisé est déjà de 30 pour 100 plus vaste que celui du sauvage. Or le développement cérébral semble avoir une influence restrictive sur la fécondité : il doit donc tendre à rétablir cet équilibre entre l'accroissement de la population et l'accroissement des subsistances que la philanthropie scientifique voudrait réaliser et qu'elle reproche à la charité sentimentale de détruire. Le point mérite examen.

Quelles sont les lois de la multiplication des espèces, dont l'oubli, selon Malthus, Darwin et Spencer, est aussi préjudiciable au philanthrope qu'au naturaliste, dans les problèmes connexes de la population, de la sélection, de la civilisation, de la

bienfaisance et de la propriété ? — La première
de ces lois, formulée par Howorth, Doubleday et
Spencer, est que le développement plus grand de
l'*individualité* entraîne une fécondité moindre pour
l'*espèce* : si les animaux d'une espèce, par exemple
l'espèce humaine, ont une vie individuelle plus intense que ceux d'une autre espèce, le progrès dans
le volume du cerveau, dans le développement physique ou moral, dans la complexité et l'activité des
fonctions, est compensé chez l'espèce par une
moindre aptitude génératrice. L'humanité est l'espèce vivante où l'individualité et ses fonctions sont
portées au plus haut point; aussi est-ce, en fait, la
moins féconde des races. La raison de cette loi,
selon Spencer et de Candolle, c'est que l'intensité
de la vie individuelle implique « une prise de possession de matériaux qui ne peuvent plus servir à
d'autres organismes; la génération, au contraire, est
une désintégration qui soustrait à l'organisme une
partie de sa substance [1] ». En un mot, l'individualité est une acquisition; la génération est une perte.
Or, ce qui achève l'individualité, ce qui en est pour
ainsi dire l'épanouissement, c'est la vie intellectuelle et affective. Par conséquent, les espèces ani-
males ou les races humaines qui vivent le plus par
la pensée et par le sentiment sont celles qui ont la
moindre puissance génératrice. Objecte-t-on qu'en

1. Voir, dans les *Principes de biologie* de Spencer, les deux
derniers chapitres.

fait les races civilisées sont plus nombreuses que
les autres, Spencer répond que la civilisation, en
diminuant une foule de forces destructives, augmente les moyens de subsister et maintient ainsi la
population à un chiffre supérieur; mais l'élévation
de ce chiffre tient à un plus grand art de se conserver qu'ont les individus, non à un plus grand pouvoir d'engendrer chez l'espèce.

La seconde loi qui règle la multiplication des
êtres, c'est que la richesse de la *nutrition* augmente
la fécondité, tandis que la dépense produite par
l'exercice des *fonctions* de relation, et principalement la dépense intellectuelle, la diminue. Les
races pauvres et mal *nourries* sont naturellement
les moins *prolifiques*. Les Irlandais semblent faire
exception, mais l'accroissement de leur nombre tient
à ce que les mariages se font chez eux de bonne
heure (d'où dérive une succession plus rapide des
générations), à ce que les Irlandais sont impré-
voyants, à ce qu'ils ne s'imposent aucune mesure,
en un mot à des causes tout autres que la force
génératrice proprement dite. Réciproquement, l'accroissement de la dépense vitale, surtout de la
dépense intellectuelle, tend à abaisser le degré de
la fécondité. Cette loi découle toujours du même
principe : ce que l'individu acquiert ou dépense
pour son propre compte et pour l'exercice de ses
fonctions personnelles, il ne peut plus le transmettre par la génération à d'autres individus.

Sans doute il ne faut pas, ici encore, pousser à
l'extrême les inductions biologiques qui précèdent
et dont la vérité n'est que générale. Spencer n'a
pas toujours lui-même gardé la mesure, ni évité les
interprétations inexactes des lois en question. Pra-
tiquement et dans l'état actuel des choses, les races
supérieures et les individus appartenant à ces races
ne perdent leur puissance génératrice que s'ils se
livrent à ce qu'on pourrait appeler la débauche
intellectuelle. Mais il est rare que la stérilité vienne
de cette cause. L'homme a presque toujours assez
de vigueur, même quand il se livre aux travaux de
l'esprit, pour engendrer au moins un enfant par an,
et il ne lui servirait à rien de pouvoir en engendrer
trois cent soixante-cinq, puisque la femme a besoin
de neuf mois pour nourrir dans son sein l'enfant
qu'elle a conçu [1]. C'est donc surtout la femme qu'il
faut considérer dans cette question. Spencer fait
remarquer, à l'appui de sa thèse, que dans les
classes élevées, où le travail mental est poussé à
l'excès, les filles sont relativement infécondes; mais
ici encore il y aurait bien des éléments à distinguer.
Les Parisiennes, par exemple, ont un cerveau qui,
selon les anthropologistes, les élève assez peu au-
dessus des négresses : elles devraient donc être très

---

1. La polygamie même ne changerait rien au résultat, puisque, le nombre des femmes étant à peu près le même que
celui des hommes le Salomon qui aurait trois cent soixante-
cinq femmes en priverait par cela même trois cent soixante-
quatre hommes ou à peu près.

fécondes comme les négresses mêmes : c'est le contraire qui a lieu. La vraie raison en est que, si le
cerveau d'une Parisienne est en définitive peu sur-
chargé d'idées, son corps tout entier est encore
moins développé que son cerveau, ce qui n'a pas
lieu chez la négresse aux membres robustes. Et
pourquoi le corps de la Parisienne est-il arrêté dans
son développement? Accusons-en non l'intelligence,
mais l'inintelligence, les mœurs et la mode, les mauvaises conditions d'hygiène, les soirées, les veilles,
les bals, les théâtres, l'activité à la fois fiévreuse et
frivole d'une vie toute mondaine dans un air plus ou
moins vicié. De même, si les filles des familles aristocratiques sont moins fécondes, rien ne prouve que
cette infécondité tienne à leur travail mental. Enfin,
là où le travail mental est réellement cause d'une
diminution de fécondité, c'est par ses excès et non
par son usage bien réglé. Il en est de même de tout
excès de travail même physique; on s'épuise comme
ouvrier, comme laboureur, aussi bien que comme
penseur. Spencer n'a pas assez distingué, ici encore, entre l'exercice normal et l'exercice exagéré
du cerveau. Un exercice normal, où la *dépense*
fonctionnelle n'est pas au-dessus de la *nutrition des*
organes, mais reste au-dessous, ne nous semble pas
diminuer la fécondité, ou du moins ne la diminue
pas assez pour entraver le développement de l'espèce. Dans l'individu normal, la productivité intellectuelle et la productivité sexuelle marchent de

front : ce sont comme les deux pôles où se dépense
d'une façon régulière l'excédent de la nutrition.
Seulement, si l'un des deux pôles attire tout à soi,
il est clair que l'autre perdra d'autant. Une nutrition énergique dirigée presque exclusivement dans
le sens d'une fonction déterminée aboutit à l'exalta-
tion de cette fonction même et à l'amoindrissement
de toutes les autres : elle peut même créer une sorte
de monstruosité au point de vue physiologique [1].

[1]. Les fourmis et les abeilles semblent d'instinct se con-
former à cette loi pour déterminer parmi elles la fonction à
laquelle un individu doit être appliqué. Une larve ordinaire,
nourrie de la gelée des reines, devient reine; le mode de
nourriture et d'éducation détermine chez elle l'aptitude à
engendrer et à commander. C'est sur ces faits et ces lois que
s'appuyaient Spurzheim et d'autres naturalistes, il y a une
quarantaine d'années, pour se demander si l'on ne pourrait
pas créer des races d'hommes à talent, en employant les
mêmes moyens qu'on a adoptés pour produire différentes
espèces d'animaux. Trois peuplades du Pérou, les Aymaros,
les Huancas et les Chincas, qui ont chacune leur mode particulier de déformer la tête des enfants, ont réussi à maintenir cette déformation par l'hérédité, à produire, selon Broca,
des races brutales pour la guerre et des races intelligentes
pour le conseil. On pourrait réussir à maintenir de même des
changements qui seraient des progrès. Frédéric-Guillaume Ier
ne tolérait le mariage de ses gardes, qui étaient de vrais
géants, qu'avec des femmes d'une taille égale à la leur, et
procédait à l'égard de son régiment de colosses comme les
éleveurs à l'égard des animaux. M. Renan va jusqu'à croire
qu'on pourrait artificiellement, par voie de sélection et d'expérimentation scientifique, créer une race supérieure à la race
humaine actuelle, une race de « maîtres » et comme de rois.
« Que l'on réfléchisse au moyen qu'emploient les botanistes
pour créer leurs singularités. C'est toujours la nutrition ou
plutôt le développement d'un organe par l'atrophie d'un autre
qui forme le secret de ces anomalies. Rappelez-vous le docteur védique dont le nom, selon Burnouf, signifiait : οὗ τὸ

C'est donc l'application excessive et anormale du cerveau qui diminue par compensation la vigueur

σπέρμα εἰς τὴν κεφάλην ἀνέβη. Comme la fleur double est obtenue par l'hypertrophie ou la transformation des organes de la génération, comme la floraison et la fructification épuisent la vitalité de l'être qui accomplit ces fonctions, de même il est possible que le moyen de concentrer toute la force nerveuse au cerveau, de la transformer toute en cerveau, si l'on peut ainsi dire, en atrophiant l'autre pôle, soit trouvé un jour. L'une de ces fonctions est un affaiblissement de l'autre : ce qui est donné à l'une est enlevé à l'autre. » (*Dialogues philosophiques*, p. 119.) Diderot, dans le *Rêve de d'Alembert*, exprime des idées analogues, mais au fond moins hasardées, parce qu'elles reposent sur le développement des forces spontanées de la nature et non sur l'artifice de la science humaine : « J'ai vu deux moignons devenir à la longue deux bras... Au défaut des deux bras qui manquaient, j'ai vu deux omoplates s'allonger, se mouvoir en pince et devenir deux moignons. — Quelle folie ! — C'est un fait. Supposez une longue suite de générations manchotes, supposez des efforts continus, et vous verrez les deux côtés de cette pincette s'étendre, s'étendre de plus en plus, se croiser sur le dos, revenir par devant, peut-être se diviser à leurs extrémités, et refaire des bras et des mains. La conformation originelle s'altère ou se perfectionne par la nécessité et les fonctions habituelles. Nous marchons si peu, nous travaillons si peu et nous pensons tant, que je ne désespère pas que l'homme ne finisse par n'être qu'une tête. — Mlle de Lespinasse : Une tête ! une tête ! c'est bien peu de chose ; j'espère que la galanterie effrénée... Vous me faites venir des idées bien ridicules. »

Selon M. Ribot, « une sélection consciente, pratiquée longtemps, aurait de bons résultats, » mais la race ainsi formée ne pourrait jamais être abandonnée à elle-même ; car, sans parler de l'atavisme, qui ramènerait brusquement des formes mentales en apparence éteintes, nous savons que l'hérédité a toujours une tendance à retourner au type primitif, « ou, pour parler sans métaphore, que ce qui est acquis depuis peu a peu de stabilité. Peut-être aussi ces constitutions d'élite ressemblent-elles à des composés très instables, qu'il est bien difficile de fixer. » (*De l'Hérédité*, p. 417.)

génératrice, et surtout ce sont les mauvaises conditions d'hygiène dans lesquelles vivent les « penseurs », ou la nécessité de se surmener que leur
impose souvent un travail excessif. Chez les peuples qui marchent à la tête de la civilisation, les
minorités qui travaillent à l'excès pour l'avancement
de cette civilisation s'épuisent vite et ont besoin
d'être remplacées par des générations nouvelles.
C'est une des causes de la stérilité relative des villes
comparée à la fécondité des campagnes. Les foyers
de vie intellectuelle, les grandes cités sont les Mino-
taures de la civilisation; mais ce n'est pas seulement,
comme semble le croire M. Jacoby, parce qu'on
pense trop dans les grandes villes, c'est parce qu'on
y pense mal et qu'on y vit contrairement à toutes
les règles de l'hygiène [1]. La loi biologique admise
par Spencer n'est vraie que dans ses principes les
plus généraux, non dans les conséquences extrêmes qu'il en a tirées, les circonstances spéciales

[1]. Aussi Bahnsen n'a nullement prouvé, selon nous, que
les peuples qui seront à la tête de la civilisation à venir
devront sortir de races aujourd'hui à demi plongées dans
l'ignorance. Bahnsen, s'appuyant sur le rapport inverse du
développement cérébral et du développement sexuel, a écrit
cette phrase curieuse, spécimen de fatras germanique : « Plus
la lumière de la conscience, arrivée au zénith de sa splendeur
historique universelle, dessine avec netteté les contours des
fleurs de la vie, plus sûrs et plus rapides sont le déclin et
l'anéantissement de la puissance germinative sous l'éclat de
cette lumière trop vive, tandis que la fraîcheur d'une demi-
conscience, douce comme un clair de lune, conserve les peuples réservés pour l'avenir. »

pouvant apporter mainte perturbation dans les effets de cette loi.

Dans tous les cas, un temps doit venir où s'établira enfin l'équilibre. Le système nerveux finira par devenir capable de faire face sans se surmener aux difficultés de l'existence, « de fournir à toutes les demandes reçues »; il cessera alors de se développer aux dépens de l'organisme. Par cela même, la fécondité sera normale, ni trop grande ni trop petite; l'harmonie existera entre la population et les conditions de l'existence, entre la population et la propriété. Il y a donc du vrai dans cette conclusion finale à laquelle Spencer aboutit : l'excès de fécondité a rendu la marche de la civilisation inévitable (ajoutons la marche de la philanthropie), et la marche de la civilisation doit inévitablement ramener la fécondité à ses conditions normales. Ainsi se résoudra peut-être le problème qui avait tant inquiété Malthus. Par là aussi on voit que la philanthropie scientifique, en répandant l'instruction avec le bien-être et la propriété, en élevant ainsi le niveau intellectuel des classes misérables, tend à établir chez elles l'équilibre de la fécondité et des fonctions intellectuelles, par conséquent à diminuer cette prolifération aveugle et parfois excessive qui inquiète les économistes sinon pour le présent, du moins pour l'avenir. Ici encore les avantages de la philanthropie compensent, et au delà, des inconvénients qui n'ont rien d'essentiel.

CHAPITRE IV

RÈGLES ET LIMITES DE L'ASSISTANCE SOCIALE. L'ASSURANCE OBLIGATOIRE

S'il importe d'établir en principe, comme nous avons essayé de le faire, la légitimité et l'utilité de la philanthropie, il n'est pas moins nécessaire d'en fixer les règles et les limites dans l'application. Une philanthropie éclairée ne doit pas accorder ses bienfaits au hasard et sans condition; elle doit être justice réparative et préventive tout ensemble, au lieu de demeurer cette antique « charité chrétienne », qui, comme l'amour, a trop souvent un bandeau sur les yeux. Or, la justice réparative doit s'efforcer de rétablir les conditions normales de l'association humaine, du « contrat social ». Ces conditions normales consistent en ce que les contractants ou associés doivent être vraiment libres et majeurs. La société doit donc veiller à ce que toute minorité, toute servitude, tout excès d'inégalité qui se produit par l'effet fatal des lois de la nature ou des lois so-

9

ciales elles-mêmes soit supprimé ou allégé dans la mesure du possible. Telle est la règle générale qu'il faut poser tout d'abord. Passons maintenant aux principales applications.

D'abord, quels sont les meilleurs moyens dont dispose la bienfaisance, ou plutôt la justice, à l'égard des déshérités de la vie? Selon nous, ce sont l'instruction et le travail, non l'aumône traditionnelle. L'instruction ne peut être qu'utile : elle tend à développer les intelligences, elle est un secours qui relève et non un secours qui abaisse. En instruisant, loin de favoriser « la propagation des imbéciles », on prépare des générations de plus en plus intelligentes et « capables ». La portée de l'instruction s'étend à toutes les servitudes, à toutes les misères, principalement à celle qui est l'origine de toutes les autres, la servitude intellectuelle, la misère intellectuelle. L'ignorance des choses les plus essentielles à la vie sociale et à la vie privée elle-même, voilà le pire état de *minorité*. Il existe naturellement chez tous les enfants; il est entretenu par le manque d'instruction chez les enfants pauvres et persiste alors jusque chez l'homme fait. Là surtout doit se porter l'effort de l'État, car c'est le point où viennent converger et s'accorder toutes les espèces de justice, défensive, préventive, réparative, non moins que la vraie fraternité ou philanthropie. L'instruction, dont nous reparlerons plus loin, est un devoir et un droit de tous envers tous à tous les points de vue; mais, pour ne parler que du devoir de réparation, où peut-il mieux s'exercer, plus pacifiquement, plus conformément aux véritables intérêts et aux vrais droits de toutes les classes, que par la science distribuée largement à tous? Outre que l'instruction est « l'instrument de travail » universel, elle est peut-être le seul secours public ou, si l'on veut, la seule indemnité, la seule réparation publique qui ne risque pas de sacrifier l'intérêt et la santé des générations futures à ceux des générations présentes.

Le second moyen au service d'une philanthropie éclairée, c'est le travail, qui par lui-même ne peut qu'être utile; le travail élève le caractère comme l'instruction élève l'intelligence : en obligeant au travail ceux qui en sont capables, en donnant même aux moins bien doués une tâche en relation avec leur capacité, on tend à relever le niveau moral.

Maintenant, à qui doivent s'adresser les bienfaits de la philanthropie et dans quelles limites doivent-ils se restreindre? — En premier lieu, l'enfant abandonné de ses parents se trouve dans un de ces cas de force majeure et de servitude fatale où un membre de la société est incapable, si on ne l'assiste, de participer à la vie sociale. En élevant l'orphelin, la société ne fait point œuvre de charité pure, comme le croient encore ceux qui parlent des enfants *élevés par charité;* elle fait simplement œuvre de justice, non seulement réparative, mais même contractuelle.

Soutiendra-t-on que la société aurait le droit de
laisser mourir l'enfant trouvé, sous prétexte que
la nourriture des enfants est à la charge des parents et que les parents sont inconnus? Une pareille
conception du droit serait tout au plus digne de la
Chine ou du Japon. Une société au sein de laquelle
des enfants peuvent encore se trouver abandonnés
est engagée envers ces enfants par ce que les jurisconsultes appellent un *quasi-contrat :* elle leur doit
les aliments avec l'instruction générale et professionnelle, et en les leur donnant elle ne fait qu'ac-
quitter une dette générale de justice réparative [1].
Même observation pour les vieillards infirmes ou
même en général pour tous ceux qui, étant réduits
à l'absolue incapacité de travailler, n'ont point de
parents qui puissent les soutenir : ils se retrouvent
alors dans un état de minorité et de servitude qui
les rend incapables de se suffire à eux-mêmes. Il y
a en ces cas un véritable droit moral à l'assistance;
à défaut des parents, l'assistance incombe à la cité;
à défaut de la cité, elle incombe à l'État : c'est ce
que méconnaissent les jurisconsultes, les économistes ou naturalistes qui voient là une atteinte à

1. On en peut dire autant des enfants « moralement abandonnés » et réduits au vagabondage. L'Assistance publique
de la Seine, au lieu de les enfermer dans une maison de
correction d'où ils sortiraient corrompus, les place, depuis
1881, en apprentissage dans les départements. Cette mesure
a besoin d'être complétée par un projet de loi sur la protection de l'enfance, tel que celui qui fut présenté au sénat le
8 décembre 1881.

la liberté des individus, faite sous le prétexte d'une charité qui devrait rester libre. L'absolue liberté de la charité est un préjugé religieux et moral qui naît d'une insuffisante analyse des droits.

La société doit-elle assistance seulement à ceux qui sont incapables de travailler, ou la doit-elle aussi à ceux qui en sont capables, mais qui se trouvent exceptionnellement sans travail et réduits par là à un état d'extrême misère, à une sorte de servitude et de minorité effective ? Question grosse de difficultés, qui a trop passionné les esprits pour recevoir au début une solution scientifique, et qui, entre les exagérations contraires des socialistes et des économistes ou des darwinistes, demeure encore théoriquement pendante. Remarquons d'abord que presque tous les pays, Angleterre, Allemagne, Suède, etc., ont reconnu (à tort ou à raison) le devoir public d'assistance aux travailleurs [1]. Mais

1. En Angleterre, d'après l'acte de la 43ᵉ année du règne d'Élisabeth, les administrateurs des paroisses (overseers) devront : 1° donner du travail aux enfants que leurs parents ne pourront pas entretenir, ainsi qu'à *toutes les personnes mariées ou non mariées* qui n'auront ni *moyens d'existence ni industrie;* 2° secourir les infirmes et tous les malheureux hors d'état de travailler, boiteux, aveugles, vieillards ; enfin, mettre les enfants pauvres en apprentissage. La même loi confère aux administrateurs le pouvoir de lever dans ce dessein des taxes qui devront être supportées par les habitants de la paroisse, et, si cela ne suffit pas, par les habitants du district et même du comté. En France, la déclaration des droits de 1793 porte à l'article 21 : « Les secours publics sont une dette sacrée. La société doit la subsistance aux citoyens malheureux. » Enfin il est dit dans le préambule de l'article VIII de la constitution

ils n'ont pas toujours eu soin de le limiter et de
l'interpréter rationnellement. Le devoir public d'assistance ne saurait entraîner pour l'individu le droit
de réclamer du travail ni par la force, ni par voie
d'action en justice. L'État ne peut s'engager d'une
manière générale et vague à donner des places ou
du travail à tous ceux qui en demandent, même au
médecin sans malades, à l'avocat sans causes, au
poète sans lecteurs. Il ne peut se faire non plus
quincaillier, marchand de modes, fabricant de
meubles, décorateur d'appartements. Il ne peut,
en un mot, se substituer à l'individu ni créer artificiellement pour lui des emplois, ni faire continuer artificiellement la production de tels ou tels
objets déterminés au moment même où le chômage
révèle que cette production avait été excessive et

de 1848 : « La république doit, par une assistance fraternelle,
assurer l'existence des citoyens nécessiteux, soit en leur pro-
curant du travail dans les limites de ses ressources, soit en
donnant, à défaut de la famille, des secours à ceux qui sont
hors d'état de travailler. » Cette rédaction, avec les réserves
et les restrictions qu'elle renferme, était plus prudente que
l'acte d'Élisabeth et que les articles des constitutions de 91
et de 93. Non seulement, comme le remarque Stuart Mill, le
gouvernement français n'offrait rien de plus que l'acte d'Élisabeth, mais il l'offrait dans des conditions bien préférables,
malgré les applications absurdes et inconséquentes qui furent
faites de ce principe. Dans le système anglais de la paroisse,
la loi confère à chaque indigent le droit de demander pour
lui-même individuellement ou du travail ou l'assistance sans
travail ; c'est donc le « droit au travail » proprement dit ; le
gouvernement français, au contraire, ne reconnaissait point
un semblable droit, qui ne serait rien moins que le droit de
l'individu à l'aumône ; l'action du gouvernement ne devait

devait s'arrêter. Le droit purement *moral* des indigents n'engendre ici qu'un devoir *moral* de la société, devoir de justice réparative et de fraternité tout ensemble. Comme d'ailleurs chaque devoir demande une satisfaction dans la mesure du possible, la société doit progressivement assurer cette satisfaction par les moyens qu'elle juge les meilleurs. Mais elle ne peut accorder son assistance aux individus valides que sous des conditions déterminées et par une convention réciproque. C'est un contrat synallagmatique dont toutes les clauses doivent être débattues avec soin. Ici plus qu'ailleurs, le droit à l'assistance est limité de mille manières non seulement par le droit de propriété individuelle, mais encore par les ressources réelles des États, par les impossibilités pratiques, enfin par les conséquences

s'exercer que *dans la mesure de ses ressources*, et sur le marché *général* du travail, non dans la sphère individuelle. Son plan était de créer, là où il était manifeste que le travail manquait pour des causes générales et indépendantes de la volonté des travailleurs, la quantité d'emplois productifs requise, au moyen de fonds avancés par l'État. « La question n'était nullement pour l'État de chercher du travail à A ou à B : il se réservait le choix des ouvriers à employer; il n'affranchissait personne de la nécessité de pourvoir à sa subsistance par ses propres efforts; tout ce qu'il entreprenait, c'était de faire des efforts pour que l'emploi ne fît pas défaut. » (*Westminster and Quarterly Review*, avril 1849, p. 31 et suiv.) Que l'entreprise fût sujette à des objections et surtout que l'exécution en ait été conduite avec la dernière sottise, c'est ce que nul ne conteste. Ce n'est pas une raison pour condamner, avec les économistes et les naturalistes malthusiens ou darwinistes, le principe même de l'assistance publique.

mêmes qu'il entraînerait si on l'érigeait en droit
absolu et positif. Il n'irait alors à rien moins qu'à
se détruire lui-même. Rappelons-nous en effet que,
dans la question des droits et devoirs réciproques,
il faut, outre le présent, considérer l'avenir. A ce
point de vue, il redevient vrai de dire avec les malthusiens et les darwinistes que l'accroissement des
subsistances ne pourrait suivre l'accroissement de
la population. Il y a certainement, comme le montre
Malthus, une conséquence absurde impliquée dans
le droit indéfini et illimité à l'assistance et au travail : c'est que les fonds destinés à entretenir le
travail peuvent croître à volonté dans un État et
qu'il suffit pour cela d'un ordre du gouvernement
ou d'une taxe établie par l'inspecteur, comme la
taxe d'Élisabeth. Ordonnez donc aussi qu'il vienne
deux épis de blé partout où jusqu'ici la terre n'en a
produit qu'un, ce ne sera pas plus déraisonnable.
Quand Canut défendait aux vagues de toucher ses
pieds royaux, il ne s'arrogeait pas un pouvoir plus
grand sur les lois de la nature. Dire qu'il faudrait
fournir de l'ouvrage à tous ceux qui ne demandent
qu'à travailler, c'est vraiment dire en d'autres termes que les forces destinées au travail dans un pays
sont infinies, qu'elles ne sont sujettes à aucune
variation, que, sans égard aux ressources du pays
rapidement ou lentement progressives, stationnaires
ou rétrogrades, le pouvoir de donner de l'ouvrage
et de bons salaires aux classes ouvrières doit rester

absolument le même. Aussi cette assertion, conclut
avec raison Malthus, contredit les principes les plus
simples et les plus évidents de l'offre et de la demande et renferme implicitement cette proposition
absurde « qu'un territoire limité peut nourrir une
population illimitée ». La question de l'assistance
est inséparable de la question des subsistances et
de la population : elle est pour ainsi dire bilaté-
rale ; le droit de mettre des enfants au monde n'est
point un droit purement individuel et personnel ; il
y a là un acte qui engage non seulement les parents, mais la société entière. Quand les paresseux
et les insouciants appellent de nouveaux êtres à la
vie, c'est sur les hommes laborieux et prévoyants
que retombe injustement la tâche de les nourrir.
Il n'est pas besoin de porter son enfant au tour pour
le mettre à la charge de la société : quiconque rem-
plit sa maison d'enfants qu'il ne peut nourrir change
sa maison même en hospice, et cela de sa propre
autorité, sans consulter les convenances ou les ressources d'autrui. Il y a là une évidente violation de
la justice contractuelle. L'État pourrait donc dire
au travailleur : Vous me demandez une promesse,
mais êtes-vous disposé vous-même à en faire une
autre en échange? Mon devoir est corrélatif à votre
devoir, et votre droit, loin d'être inconditionnel,
est subordonné à des conditions indispensables.
Voulez-vous renoncer au droit de propagation? Si
oui, l'assistance est possible ; si non, elle ne l'est

pas, car vous ne pouvez exiger de ceux qui ont travaillé avant vous, produit, épargné, qu'ils s'abstiennent de consommer les fruits de leur travail jusqu'à ce qu'ils aient assuré la nourriture de tous les êtres qu'il peut vous convenir, à vous ou à vos descendants, d'appeler à l'existence. La procréation des enfants n'est pas un acte de fantaisie individuelle, c'est un acte social et un *contrat*. Les charges paternelles et maternelles devraient donc être déterminées par la loi. Ce principe faux, que chacun a le droit absolu de procréer à sa guise, sans montrer plus de prévoyance que la brute, sera rejeté un jour, dit Stuart Mill, comme on a déjà rejeté le prétendu droit du commerçant à acheter ou à vendre sans comptabilité et sans grand-livre. Mettre au monde des enfants qu'on ne peut nourrir sera considéré comme une faillite d'un nouveau genre; souvent même c'est plus qu'une faillite, c'est un homicide par imprudence, lorsque les enfants sont voués à une misère certaine et à une mort presque certaine. Toute liberté entraîne responsabilité.

Stuart Mill accorde sans doute une importance exagérée à l'établissement de lois sur la population dans le présent : celle-ci, en certains pays, comme en France, tend plutôt à trop diminuer qu'à trop croître : de plus, la mise en culture des terres d'Amérique et d'Australie assure pour longtemps des subsistances à l'humanité, même avec un accroissement rapide de la population. Il n'en demeure pas moins vrai que les secours de l'État ne peuvent être illimités et que l'assistance ne peut être érigée en droit revendicable pour l'individu. L'expérience a montré quelle espèce d'ouvrage on peut attendre des ateliers ouverts par la philanthropie publique. Lorsqu'on ne donne plus le salaire en vue de l'ouvrage dont on a besoin, mais l'ouvrage en vue d'assurer le salaire à ceux qui en ont besoin, on peut être certain que le travail ne vaudra pas le prix qu'il aura coûté : lorsqu'on n'a pas la faculté de congédier des journaliers, on n'en peut obtenir du travail que par le fouet. L'assistance aux travailleurs demeure donc seulement un devoir *moral* et *général* de l'État [1].

---

1. On sait que l'Angleterre pratique, au contraire, le système de l'assistance obligatoire. Selon Petyman, 250 millions de francs sont dépensés annuellement en Angleterre pour les pauvres. Le rapport des assistés à la population entière est de 1 à 31 pour l'Angleterre, et de 1 à 29 pour l'Écosse; 1 sur 10 dans le comté de Wegton, 1 sur 7 dans le comté d'Argile. En Irlande, dans le comté de Meath, 3 sur 7.

L'Angleterre, la Prusse, le Danemark, la Suède et en général les États protestants pratiquent en Europe le système de la charité légale. La Norwège se l'était approprié en 1845; il y a fonctionné quinze ans. Le paupérisme s'accrut d'un tiers et a depuis doublé. On revint alors à l'ancien système.

En Danemark, au contraire, les lois des pauvres fonctionnent depuis 1866.

En Prusse, la loi fédérale du 6 juin 1870 reconnut le principe de l'assistance légale. La loi particulière à la Prusse disposait que chaque Allemand dans le besoin « est en droit de demander à sa commune un toit, les nécessités de la vie, les secours médicaux en cas de maladie et un enterrement convenable. » Le pauvre était admis soit dans un hospice, soit dans une maison de travail. Le plus souvent, il y avait

Nous ne pouvons entrer ici dans le détail des réformes économiques ou politiques qui permettraient de rendre l'assistance plus sûre et plus effective, tout en écartant les inconvénients (moraux et physiologiques) de la charité proprement dite : nous avons seulement voulu montrer un idéal et faire comprendre la difficulté non moins que la nécessité de sa réalisation progressive. Les moyens particuliers de cette réalisation sont du domaine de la sociologie et de la politique appliquées. Rappelons seulement les lois plus parfaites sur la propriété, la répartition plus équitable des impôts, qui ne doivent pas aggraver le prolétariat en retombant, pour la plus lourde partie, sur les prolétaires eux-mêmes, un meilleur emploi de ces impôts, l'essor donné aux institutions de crédit et à tout moyen moins

secours en nature et en argent, pour éviter de rompre le lien domestique. La maison de travail est presque une maison de correction. Nous verrons plus loin les lois plus récentes sur l'assurance.

En Autriche, la loi ne reconnaît pas le droit exprès à l'assistance, mais elle reconnaît le devoir des autorités communales d'assister en certains cas; ces autorités peuvent être parfois juridiquement contraintes à le faire. Ces cas se réduisent à un besoin permanent ou temporaire, mais « né de circonstances toutes personnelles, non des causes générales se rattachant à l'organisation sociale, aux événements politiques ou bien aux perturbations économiques ». De plus, la commune a le droit de répartir des déboursés sur les tierces personnes qui pourraient, mais ne voudraient pas accomplir leur propre devoir d'assistance naturelle ou légale. La loi énumère les cas où le devoir incombe aux parents, ceux où il incombe aux maîtres et patrons. Ceux-ci doivent payer pendant un certain temps les frais de maladie de leurs domesti-

onéreux que les monts-de-piété, l'établissement de
bureaux d'informations pour les travailleurs cherchant du travail, les colonies, destination naturelle
de tout citoyen valide qui n'a pas de profession et
qui se met par la mendicité ou le vagabondage en
état de légitime suspicion à l'égard de tous ; l'encouragement et l'accroissement des associations
particulières dans la grande association de l'État ;
enfin l'extension du système des assurances mutuelles sur une vaste échelle, par l'initiative de l'État
et des communes, de manière à conjurer les désas-
tres matériels les plus fréquents et les plus graves.
La vraie bienfaisance est celle qui favorise non la
paresse, l'imprévoyance et la dégénérescence de la
race, mais le travail, l'économie, le progrès moral
et physique des générations [1].

ques ou ouvriers. La loi sur les usines du 23 mai 1854 prescrit
la création, aux frais des propriétaires, d'établissements destinés aux ouvriers dans le besoin. Certaines associations de
métiers doivent aussi l'assistance à leurs membres.

En Italie, il y a de nombreux et peut-être trop nombreux
établissements charitables. Lorsque Napoléon eut aboli les
ordres religieux et les confréries qui se consacraient spécialement, dans Rome, aux œuvres aumônières, le nombre des
mendiants diminua d'un coup de moitié.

En Russie, l'institution du Mir prévient en grande partie le
paupérisme ; dans les cas où il se produit, les communes
lèvent des taxes au besoin.

En France, les bureaux de bienfaisance sont tout à la fois
trop nombreux, mal répartis, mal ordonnés et trop soumis à
l'attache officielle.

1. Un moyen excellent de constituer un premier pécule, —
le plus difficile de tous, — à l'ouvrier, à l'artisan, au petit
commerçant, serait le recours aux sociétés coopératives de

« L'État, a dit un juge peu suspect de socialisme, M. Thiers, devra s'ingénier à trouver des moyens pour parer à de cruels chômages. Il ne pourra pas tout ce qu'on lui demandera, mais, avec de la

consommation. Ces sociétés peuvent accomplir des prodiges. La Société coopérative de Roubaix est arrivée à distribuer à ses membres 10 0/0 du montant de leurs achats, en 1875; 12 0/0 en 1876; 14 0/0, en 1877; 15 0/0, en 1878, 16 0/0, en 1879. Elle borne pourtant ses opérations à la boulangerie. Pendant l'année 1879, elle a vendu à ses associés pour 190,976 fr. 75 de pain, et elle leur a donné, sur ses bénéfices nets, une somme de 30,476 fr. 32 c., après avoir porté 7,718 fr. 82 à sa réserve.

Il n'est pas de travailleur éclairé qui ne doive aujourd'hui rechercher les profits de telles institutions. Tous indistinctement peuvent y prendre part. Quelque limitées que soient les ressources, quelque insuffisants que soient les salaires, tous les ouvriers sont des consommateurs; le plus clair de leur budget passe forcément en objets nécessaires à la vie, aliments, chauffage, etc. Or, une société coopérative de consommation transforme en instrument d'économie cette dépense à laquelle nul ne peut se soustraire. Elle en fait un moyen d'épargne quotidienne, inconsciente. De charges inévitables elle tire, pour ses participants, un capital certain.

La société de Roubaix poursuit aujourd'hui un nouveau but : rendre ses sociétaires propriétaires de leur habitation, sans aucun déboursé de leur part; il suffit pour cela de quatorze ou quinze années : on économise une maison sur sa consommation, on devient propriétaire en mangeant. De plus, la société assure ses membres contre l'incendie de leur mobilier jusqu'à une valeur de 500 francs, moyennant 37 centimes par an, « deux chopes de bière ».

La société alimentaire de Mulhouse fournit trois repas par jour aux femmes pour 35 centimes et aux hommes pour 65 centimes. Le fourneau économique d'Isaac Pereire donnait un repas complet dont le prix de revient était 25 centimes. La société alimentaire de Grenoble arrive à des résultats non moins remarquables. De même pour la société d'épargne de Saint-Remy, à Bordeaux.

Notre sol devrait, comme on l'a dit, être couvert d'asso-

prévoyance, il pourra quelque chose et même beaucoup, car l'État n'a pas moins que des murailles, des machines, des vaisseaux, des cordages, des fusils, des canons, des voitures, des harnais,

ciations de ce genre, mais, faute de fonds suffisants, ces sociétés ne peuvent se constituer ou échouent. La société même de Roubaix n'a été sauvée par deux fois de la ruine que par des avances exceptionnelles dues à la générosité de simples particuliers. L'État ne pourrait-il pas, dans des circonstances analogues, venir au secours des sociétés méritantes? On a demandé avec raison qu'une faible partie des fonds de nos caisses d'épargne fût consacrée, en principe, à subventionner des sociétés coopératives et que, par un mécanisme quelconque, les économies des travailleurs fussent centralisées pour aider spécialement les œuvres utiles aux travailleurs. Rappelons aussi qu'on a proposé de faire des emprunts publics pour les œuvres philanthropiques en leur réservant le privilège des valeurs à lots.

A un échelon supérieur sont les Sociétés de production. Actuellement, les ouvriers qui voudraient s'unir pour tirer parti, à leur profit, de leur expérience et produire pour leur propre compte, se heurtent presque toujours à cet insurmontable obstacle : l'absence d'un capital suffisant. Dans toute industrie, il y a trois facteurs : l'ouvrier, le capital, le patron. Le second et le troisième ont été généralement jusqu'ici confondus, et mis en opposition avec le premier. Mais, que le capital soit mis à la portée de l'ouvrier, et une modification profonde s'effectuera dans la situation du travail. Les ouvriers associés pourront devenir en quelque sorte à eux-mêmes leurs propres patrons. La participation aux bénéfices, qui peut rendre de si grands services, n'est encore qu'un acheminement vers cette solution, qui est la seule complète. Naissance et extension de la grande industrie, division et mobilisation croissante des capitaux que la grande industrie exige, accession des petits capitalistes, et par conséquent des ouvriers, aux titres qui représenteront ces capitaux morcelés : voilà les termes de l'évolution en voie de s'accomplir.

Cet état peut sembler éloigné, si l'on ne considère que les moyens actuels de rapprochement et de fusion entre le

des souliers, des habits, des chapeaux, du drap,
de la toile, des palais, des églises à exécuter; et
une administration habile, qui réserverait ces travaux si divers pour les temps de chômage, qui,
pour certaines fabrications, telles que machines,
armes, voitures, draps, toiles, aurait des établissements susceptibles de s'étendre ou de se restreindre à volonté, qui, pour les places fortes ou

---

travail et le capital. Qu'une société de production veuille
se constituer maintenant, elle devra tout tirer de son fonds
Elle n'aura ni relations, ni crédit. Un groupe de tisseurs
lyonnais a essayé, il y a quelques années, de fonder une
association de ce genre. Dans l'industrie lyonnaise, on le sait,
l'ouvrier tisseur est maître et propriétaire de son métier. Il
n'aurait besoin, pour s'élever au rang de fabricant, que d'un
fonds de roulement. Mais ce fonds de roulement même fait
défaut. Pour le constituer à l'aide d'économies, il faudrait
beaucoup de temps. L'association ouvrière à laquelle nous
venons de faire allusion y était parvenue, à force de priva-
tions. Si elle eût trouvé à côté d'elle du crédit, une banque
populaire, elle eût réussi peut-être; tandis qu'elle n'a pas tardé
à tomber en liquidation, et ses membres n'ont retiré, pour
fruit de leur effort si méritoire, que la perte à peu près
complète de leur épargne.
Ces échecs n'ont pas découragé les travailleurs. Il y a plusieurs centres ouvriers où la constitution des Sociétés de
production est à l'étude. La lacune que l'expérience accuse
dans l'organisation du crédit doit être comblée et le sera
peu à peu. Notons ici les banques populaires de l'Écosse et
de l'Allemagne. Sur les moyens de combiner leurs avantages,
on peut consulter l'excellent travail de M. Coste, couronné
au concours Pereire, p. 285-305. Une banque importante *du
travail et de l'épargne* s'est fondée à Paris sous le nom de
Caisse centrale populaire. Elle fait des avances aux sociétés
coopératives; neuf ont été constituées par ses soins, dix sont
en voie de formation; trois sociétés anciennes ont trouvé
chez elle l'appui dont elles avaient besoin.

les palais à construire, aurait ses devis préparés et les tiendrait prêts pour les moments où l'industrie privée interromprait ses travaux, qui recueillerait ainsi sur le marché général les bras inocupés, comme certains spéculateurs achètent les effets publics dépréciés, qui à cette prévoyance administrative joindrait la prévoyance financière et garderait sa dette flottante libre et dégagée, de manière à trouver de l'argent quand personne n'en aurait plus, une administration qui se donnerait tous ces soins, difficiles, mais non inpossibles, parviendrait à diminuer beaucoup le mal, sans réussir toutefois à le supprimer en entier... Qu'on ne prétende donc plus que nous voulons laisser mourir de faim l'homme sans travail, car je réponds que nous nourrirons l'homme dépourvu de travail, sans lui donner toutefois ni un salaire égal à celui des temps prospères, ni un salaire qui lui permette de faire monter violemment la main-d'œuvre, ni un salaire enfin qui lui serve à être le soldat de la guerre civile [1]. »

Parmi les institutions philanthropiques, le système des assurances mérite une mention spéciale. M. de Laveleye a montré que, si les ouvriers épargnaient seulement les sommes énormes qu'ils consacrent, — eux qui n'ont pas le nécessaire, — à ce

---

1. Thiers, *de la Propriété*, p. 328 et suiv.

superflu funeste et abrutissant de l'alcool et du tabac, ils pourraient en vingt ans acheter toutes les manufactures où ils travaillent. D'autre part, ajouterons-nous, si ceux qui sont dans l'aisance épargnaient un peu de leur superflu et retranchaient quelque chose de leurs dépenses, souvent nuisibles, pour venir en aide aux travailleurs, ils pourraient avant vingt ans leur donner toutes les manufactures où ils travaillent. A plus forte raison, les assurances pourraient-elles mettre à l'abri d'une foule de misères, et cela au moyen de sommes relativement modiques, d'autant plus modiques que les assurances seraient plus généralisées. Ce qui fait la force des capitaux dans les sociétés modernes, c'est leur union et leur combinaison; pour le chimiste, l'acide nitrique isolé et le coton isolé n'ont guère de puissance, mais leur combinaison fera sauter des quartiers de roche et aplanira des montagnes. En face des capitaux associés, il faut que les travailleurs associent leur prévoyance et leurs épargnes, dont la force est centuplée par le régime des assurances.

La vraie assurance populaire pourrait s'appeler l'assurance du capital humain : elle a pour objet principal de l'assurer contre la destruction prématurée par la mort et contre le chômage. M. Brentano a montré que l'ouvrier, pour être garanti, devrait contracter quatre assurances différentes : 1° une assurance ayant pour objet une rente destinée à nourrir et à élever ses enfants dans le cas où il mourrait prématurément : « c'est, dit M. Léon Say, la garantie du renouvellement de la classe ouvrière ; » 2° une assurance de rente pour ses vieux jours; 3° une assurance pour le cas d'infirmités, d'accidents et de maladie ; 4° une assurance pour le cas de chômage par suite du manque de travail. M. Engel, dans ses statistiques, évalue à 0 fr. 60 par jour le prélèvement nécessaire pour réaliser cette quadruple assurance et beaucoup d'économistes pensent que, dans un avenir peu éloigné, ce prélèvement de 0 fr. 60 sur le salaire journalier ne rencontrera d'autre obstacle que des habitudes d'ivrognerie et de dissipation. Or, grâce à la solidarité croissante qui se manifeste dans nos sociétés modernes entre un citoyen et les autres, l'imprévoyance de l'un retombe la plupart du temps sur les autres. C'est en vertu de ce principe qu'on oblige à éclairer la nuit les voitures, à faire ramoner les cheminées pour éviter les incendies, etc. Si on venait à reconnaître un jour qu'il y a un intérêt majeur à rendre obligatoire l'assurance contre l'incendie, on pourrait tout aussi bien l'imposer que l'on impose les précautions contre l'incendie. Dans l'ordre intellectuel et moral, l'État a le droit d'exiger le minimum d'instruction nécessaire à l'exercice des droits de citoyen, surtout du droit de suffrage, car nous sommes tous intéressés à ce que ceux qui partagent avec nous le pouvoir de contri-

buer au gouvernement ne soient pas dans un état
de servitude et d'incapacité réelles. En vertu du
même principe l'État peut, sans violer la justice et
au nom de la justice même, exiger des travailleurs
un minimum de prévoyance et de garanties pour
l'avenir ; car ces garanties du capital humain, qui
sont comme un minimum de propriété essentiel à
tout citoyen vraiment *libre* et *égal* aux autres, sont
de plus en plus nécessaires pour éviter la formation
d'une classe de prolétaires fatalement vouée soit à
la servitude, soit à la rébellion. Outre que le travailleur imprévoyant n'a du citoyen libre que le nom,
il finit toujours par retomber, lui ou les siens, à la
charge de la charité et de la propriété publiques.
L'État et les communes ont parfaitement le droit de
prendre d'avance, au nom de tous, leurs précautions
contre une charge qui finira par incomber à tous.
Enfin le père de famille n'a pas plus le droit de pratiquer l'imprévoyance absolue au point de vue intellectuel et moral, car sa famille entière sera un jour
victime de cette imprévoyance, puis, après sa famille,
la commune et l'État. C'est donc au nom même de
la justice, de la liberté et de l'égalité, qu'on peut établir pour l'individu l'obligation d'assurer en sa personne le capital humain par un minimum de garanties. Il n'y a là aucun « socialisme d'État », mais
une simple précaution de tous envers chacun, et
cela au bénéfice de chacun : les intérêts, sur ce
point, sont aussi harmoniques que les droits. Ne

nous laissons pas, encore ici, distancer par l'Allemagne, comme nous l'avons été déjà pour le service obligatoire et pour l'instruction obligatoire [1].

Les économistes n'ont pas épargné leurs objec-

1. La seule question qui nous semble pouvoir admettre des solutions diverses, c'est de savoir si l'État doit lui-même se changer en une société d'assurances, ou simplement donner sa garantie à des sociétés particulières. Ce qui est certain, c'est que l'assurance a ce caractère de ne pouvoir être entreprise par un individu; elle ne peut l'être que par des sociétés, et la seule raison de choisir est dans le bon marché ainsi que dans l'excellence de l'administration. Les partisans de l'État soutiennent que, plus la société d'assurance est vaste, nombreuse et centralisée, plus la prime se réduit. Ils ajoutent que les opérations de l'assurance ont leur analogue dans beaucoup d'opérations administratives, telles que les caisses de retraites pour les fonctionnaires, les veuves, les orphelins; la police des constructions ressemble à l'assurance immobilière, la perception des contributions directes ressemble à l'encaissement des primes; les affaires de banque confiées à l'État ressemblent à l'administration et au placement des capitaux d'assurance. Les adversaires de l'État préfèrent lui confier simplement un droit de contrôle et réclament la réforme de nos législations dans le sens des lois adoptées par les États-Unis pour la « surintendance des assurances ». Enfin une opinion intermédiaire, qui semble mieux adaptée à notre époque de transition, admet que l'État contribue pour sa part à payer la prime, comme en Allemagne, tout en laissant aux individus le choix entre les diverses sociétés reconnues par l'État. La loi allemande sur les sociétés de secours mutuels oblige tout travailleur dont le salaire ne dépasse point 7 francs à faire partie d'une société d'assurance mutuelle contre la maladie, société choisie librement par lui au nombre des diverses sociétés d'assurances mutuelles, avec la garantie de l'État et des communes. Les patrons sont tenus de faire inscrire leurs ouvriers et de prendre à leur charge le tiers de la cotisation. Les communes sont invitées à fonder des sociétés d'assurances mutuelles et à s'associer entre elles pour ces fondations. Quant à la loi sur l'assurance contre les accidents, elle a été plus récemment votée.

tions aux projets d'assurance universelle et obligatoire avec concours de l'État. Ces objections sont
tirées : 1° de l'accroissement d'impôts nécessaire
pour constituer l'apport de l'État à la caisse d'assurances ; 2° du renchérissement de la vie causé par
l'augmentation de prix où les industriels cherche-
raient un dédommagement à leur cotisation personnelle. — A la seconde objection on peut répondre :
les travailleurs gagneraient plus en tant qu'assurés
qu'ils ne perdraient en tant que consommateurs.
Les patrons, d'ailleurs, ont eux-mêmes intérêt à ce
que les ouvriers soient dans une situation meilleure;
de plus, ils ont généralement assez d'intentions charitables pour ne pas refuser de contribuer à une
organisation intelligente et en somme économique
de la fraternité. Quant à l'objection tirée des impôts, elle est plus grave. Elle perd cependant de
sa valeur si on songe qu'ici encore l'ouvrier profite plus de l'impôt destiné aux assurances qu'il n'en
est grevé. L'objection tombe même tout à fait si on
admet la possibilité de ressources nouvelles pour
l'État.

L'État s'occupe des intérêts généraux de l'agriculture et du commerce : il s'occupe des travaux
publics, des beaux-arts, des postes, des télégraphes, etc.; différents ministères ont été créés pour
ce but; peut-être un jour devra-t-il exister aussi un
ministère des institutions philanthropiques, chargé

tantôt de prendre l'initiative et de créer des institutions de ce genre (assurances, secours mutuels,
sociétés de consommation, de production, de crédit, etc.), tantôt d'encourager et d'aider celles qui
existent déjà, enfin de centraliser les efforts, les
dons, les prêts des particuliers en vue des établissements de philanthropie. A des besoins nouveaux
doivent répondre, dans le grand corps de l'État,
des organes nouveaux. Il se produit ici, surtout en
France, une dispersion absolue des forces, une
anarchie, un manque d'initiative et d'organisation
qui entrave toute réforme : s'il existait un ministère
spécial pour ces questions, non moins importantes, semble-t-il, que celles des postes, du commerce et de l'agriculture, l'essor serait bientôt
donné. Des emprunts, des dons, des legs permettraient à l'État de faire des essais par des méthodes
scientifiques ou d'aider ceux qui veulent en faire.
Les individus se soucient peu de léguer leurs biens
à l'État en général et d'augmenter la propriété collective pour un usage général et neutre; mais combien de personnes feraient volontiers des dona-
tions ou des legs aux institutions philanthropiques !
Les congrégations religieuses ont un art admirable
pour trouver de l'argent en vue de leurs œuvres
de bienfaisance; l'État ne devrait pas se croiser
les bras et se désintéresser comme s'il n'avait à ce
sujet aucune obligation précise. La prévoyance, la
bienfaisance publique, la « fraternité », dans nos

sociétés modernes régies par des lois de plus en
plus complexes, ne saurait demeurer une sorte de
luxe moral entièrement abandonné aux hasards de
l'inspiration individuelle; elle est un devoir général
de justice, elle est une œuvre de science et non de
pur sentiment, à laquelle doivent concourir l'économie sociale et l'histoire naturelle. L'idée qui ressort des travaux de l'école darwiniste sur l'hérédité
et la sélection est, en dernière analyse, celle de la
solidarité; or c'est le fondement même de la fraternité morale. La solidarité fait retomber sans doute
le mal des uns sur les autres, mais elle étend aussi
le bien de chacun à tous ou de tous à chacun. Elle
oblige par cela même la société à trouver un
remède pour tout mal qui afflige l'individu, parce
que ce mal tend à devenir social. La solidarité
enferme nos sociétés modernes dans cette alterna-
tive : progrès ou disparition.

Dans les machines perfectionnées dont se sert
l'industrie pour filer le lin, le coton ou la laine, dès
qu'un seul fil se brise, le métier s'arrête de lui-
même, comme si le tout était averti de l'accident
arrivé à l'une de ses parties et, avant de l'avoir
réparé, ne pouvait continuer son travail. C'est
l'image de la solidarité qui régnera de plus en plus
dans la société humaine. Au milieu de cette trame
sociale où s'entre-croisent toutes les destinées individuelles, il faudrait que pas un fil, pas un individu
ne fût brisé sans que le mécanisme général fût

averti, atteint, forcé de réparer le mal dans la
mesure du possible. C'est l'idéal que poursuit la
philanthropie et dont elle se rapprochera d'autant
plus qu'elle deviendra plus scientifique dans ses
méthodes, sans cesser d'être aussi généreuse dans
ses inspirations.

LIVRE TROISIÈME

LE FONDS SOCIAL DE PUISSANCE POLITIQUE
ET LE SUFFRAGE UNIVERSEL

La puissance politique, sous les formes du pouvoir délibératif et exécutif, constitue une sorte de fonds social, un capital de force collective. Par le suffrage universel, cette puissance politique se trouve distribuée entre tous et répartie dans la masse de la nation. De là des progrès incontestables, de là aussi de grands déboires. L'exemple de l'Amérique, de la France et de la Suisse, inspire aujourd'hui de légitimes inquiétudes à ceux qui n'admettent pas le dogme de l'infaillibilité du peuple. Le suffrage universel a ses contradictions intimes, ses « antinomies », qui sont comme autant d'énigmes que la démocratie doit résoudre.

D'abord, on peut se demander si le triomphe de la démocratie n'amènera point tôt ou tard celui du socialisme, si le pouvoir social remis aux mains de la foule ne finira point par remettre aussi la pro-

priété sociale entre ses mains. La tendance des
classes laborieuses, en effet, quand elles se voient
arrivées au pouvoir, c'est d'employer leur force non
seulement au profit de leurs droits, mais encore
au profit de leurs intérêts particuliers. Rien n'est
plus difficile que de rester dans les vraies limites
de son pouvoir quand on en a un. La chose fut
toujours difficile et souvent impossible pour les rois
comme pour les aristocraties, en un mot pour les
minorités; elle est difficile aussi pour les masses
et pour les majorités, surtout quand aucun contrepoids n'est établi par une représentation équitablement proportionnelle des minorités mêmes. D'une
part le peuple tend toujours à augmenter l'action
du pouvoir démocratique; d'autre part, le pouvoir
a d'autant plus besoin d'être limité dans son action
qu'il est plus démocratique. Voyez le corps vivant,
avec lequel le corps social a tant d'analogies; dans
l'organisme, il se produit une distinction croissante
des parties et une spécialisation croissante des
organes, qui rend chacun plus propre à sa vraie
fonction et par cela même plus impropre aux autres
fonctions. Le cœur fait bien son office et le cerveau
fait bien le sien, mais l'un ne peut faire l'office de
l'autre. Si le cerveau voulait et pouvait intervenir
dans les battements du cœur, la circulation du sang
serait en danger. La même loi régit l'organisme
social. Le gouvernement par voie de suffrage ne
peut vivre qu'à la condition de devenir de plus en

plus propre à remplir sa vraie fonction, qui est de
corriger les injustices de toute sorte dans les rapports des citoyens entre eux ; mais si, avec les socialistes, on veut le charger du bonheur de tous, lui
faire régler les rapports de l'ouvrier avec le patron,
fixer les heures de travail, fixer le taux des salaires,
on reconnaîtra qu'il est impropre à cette tâche,
précisément parce qu'elle n'est pas la sienne. Il
y a donc, entre les tendances envahissantes du pouvoir démocratique et ses aptitudes si limitées, une
véritable antinomie, dont la solution est pour les
démocraties modernes une question de vie ou de
mort. L'individu et la société se trouvent ici en présence ; il faut trouver un moyen de concilier, dans
l'ordre politique, la liberté individuelle et la puissance sociale, comme il faut concilier parallèlement,
dans l'ordre économique, la propriété individuelle
et la propriété sociale.

Le suffrage universel a encore d'autres contradictions. D'une part, le progrès ne peut se faire
que par une concurrence et une sélection soit entre
les divers peuples, soit entre les citoyens d'un
même peuple ; et l'instrument de cette sélection,
c'est une certaine inégalité qui permet aux éléments
supérieurs de l'emporter dans la lutte. D'autre
part, la démocratie repose sur l'égalité. Dès lors,
n'y a-t-il point une essentielle contradiction entre
la politique du progrès, qui s'efforce d'assurer le
libre essor des supériorités, et la politique démo-

cratique, qui tend à établir l'égalité universelle?
Voilà encore un problème inquiétant qui s'impose
au philosophe relativement à l'avenir des démocraties. Beaucoup d'esprits se demandent si l'égalité ne
menace pas les sociétés démocratiques d'un abaissement progressif, tout comme la fraternité, qui
conserve artificiellement les faibles, semble menacer
notre espèce d'un abâtardissement progressif. Grâce
à la fraternité, dit-on, le phthisique et le scrofuleux
vivent, mais la race en souffre; de même, grâce à
l'égalité politique, l'ignorant et le paresseux sont
électeurs, mais l'État en pâtit. Comment admettre
tout le monde au partage de la puissance sociale,
cette propriété collective d'un ordre supérieur, sans
y admettre une quantité d'incapables et d'indignes,
dont l'action affectera le corps social, l'administration publique, le caractère national? Ce que les
mauvais gagneront, tous ceux qui valent mieux
qu'eux ne l'auront-ils point perdu [1]? Par une sorte
d'ironie de l'histoire, les vertus mêmes des sociétés
modernes, liberté, égalité, fraternité, seraient ainsi
des germes de ruine. Visant au progrès, ces sociétés
seraient condamnées au recul; aspirant à ennoblir
la condition humaine, elles ne réussiraient qu'à la
corrompre. Toutes ces contradictions reviennent à
l'antinomie fondamentale du *droit* de suffrage, également partagé entre tous comme une propriété com-

1. Voir, sur ce sujet, M. Schérer, *la Démocratie et la France*,
p. 83.

mune, et de la *capacité*, qui n'appartient réellement qu'à un certain nombre : c'est l'éternelle opposition de la démocratie politique et de l'aristocratie naturelle.

Si les sociétés modernes n'arrivent pas à résoudre ces problèmes, elles périront nécessairement. Sans prétendre à une solution complète, le philosophe peut du moins tenter de poser exactement les questions, il peut appeler sur les difficultés l'attention de tous et indiquer des méthodes générales pour les résoudre. Nous essaierons d'esquisser ici, dans ses traits principaux, la philosophie du suffrage universel. Il en est qui en font une religion : nous nous tiendrons plus près de terre. Nous rechercherons le principe et le but de cette institution tout humaine, ses effets avantageux ou nuisibles, enfin les moyens de la relever, parmi lesquels le plus efficace est encore d'augmenter, par l'éducation nationale, le capital intellectuel collectif, en même temps qu'on répartit entre tous le capital de puissance collective. Nulle question n'est plus vitale pour notre pays ; nulle aussi n'intéresse davantage les autres peuples ; nulle n'est plus nationale et plus universelle. La démocratie est la forme inévitable des sociétés modernes. Un large courant démocratique se fait partout sentir et il est chimérique de prétendre lui résister. La démocratie est un milieu existant, « une atmosphère » ; au lieu de vouloir vivre en dehors, il faut s'en pénétrer et chercher les meilleurs moyens de la rendre respirable.

CHAPITRE PREMIER

LE DROIT DE SUFFRAGE COMME PROPRIÉTÉ COLLECTIVE

Il y a trois théories principales du suffrage. En premier lieu, on peut le considérer comme la métamorphose dernière de la force et de la lutte pour la vie, qui, selon les partisans de Darwin, régit l'humanité. Puisqu'il faut, tôt ou tard, en venir à un traité de paix, faisons-le avant la bataille au lieu de le faire après, remplaçons les coups de fusils par les bulletins de vote. Ainsi nous aurons fait une économie d'hommes et de forces, une réserve de puissance vive qui sera utilisée à un meilleur usage. Le suffrage universel peut être défini, à ce point de vue, un moyen que la force emploie, dans les sociétés modernes, pour se calculer elle-même et se donner la conscience de soi en même temps que la conscience des forces contraires.

La seconde théorie du suffrage le recommande au nom de l'utilité et du bonheur commun : les

nations modernes, de plus en plus émancipées,
ne se trouvent heureuses que si elles font en définitive ce qu'elles veulent, si elles reconnaissent
dans leur état présent le résultat de leur volonté
présente, tout en conservant le pouvoir de modifier
leur situation en modifiant leur volonté. Quand
l'avis de tous n'est pas le meilleur possible, du
moins il est le plus propre à satisfaire actuellement
tout le monde : l'expérience fera reconnaître en quoi
il faut l'amender.

— Oui, mais s'il est trop tard? Il y a des expériences qui aboutissent à la perte d'une province;
il y en a qui peuvent aboutir à la ruine d'une
nation. Spencer a beau nous dire : — « Les
vœux de chaque individu sont l'expression de ses
besoins tels qu'il les sent; les vœux d'une nation
sont de même le produit d'un besoin généralement
senti; » — nous répondrons qu'il est des besoins
généraux que les individus peuvent ne pas sentir
ou dont ils peuvent ne pas se rendre compte,
surtout quand il s'agit d'affaires internationales.
Même dans les affaires intérieures de la nation, un
besoin général n'est pas une simple somme de
besoins particuliers : il y a des intérêts supérieurs,
non seulement de l'ordre intellectuel, esthétique
et moral, mais même de l'ordre économique et
politique, dont les individus, pris en masse, peuvent ne point avoir ni la connaissance, ni le simple
sentiment. Spencer répond : — Si le vote d'un

peuple n'est pas l'expression de l'utilité et de la vérité absolues, il est du moins celle de l'utilité et de la vérité telles que ce peuple les entend et peut actuellement les supporter. — Oui, mais le moment actuel est-il tout, ne faut-il point songer au lendemain? L'imprévoyance, voilà précisément le grand défaut des masses : elles sont instinctives et non réfléchies. Calculer les effets lointains d'une mesure, s'élever au point de vue des générations à venir, savoir se modérer dans le présent, renoncer aux jouissances immédiates en vue de jouissances lointaines, peut-être même en vue d'un idéal dont on ne verra pas la réalisation : voilà qui dépasse généralement la portée moyenne des intelligences. Le sort de la démocratie est donc subordonné à l'existence, dans la majorité des individus, d'un véritable esprit *général* et impersonnel; si cet esprit n'existe pas, le suffrage universel n'est plus qu'une lutte d'intérêts particuliers : il dissout les masses en leurs éléments atomiques, il entasse arbitrairement ces atomes et les livre à tous les vents. « Les voix des électeurs s'élèvent alors, selon le mot de Bluntschli, en tourbillons de poussière dans un sens ou dans l'autre, suivant la direction de la tourmente. » Ce n'est plus l'esprit d'un peuple qui manifeste son unité, c'est une mêlée d'égoïsmes qui n'aboutit qu'à une unité apparente et éphémère.

Il est vrai qu'on peut dire : — Le meilleur

moyen de développer dans une nation l'esprit général, l'esprit vraiment politique, c'est précisément de l'appeler tout entière à la vie politique. La participation de tous au pouvoir est un exercice utile pour tous et qui développe chez tous l'intelligence des intérêts nationaux. — Il y a du vrai dans cette théorie, mais il faut faire ici, avec Stuart Mill, une distinction capitale. La situation qui donne le plus vif stimulant au progrès de l'intelligence politique, c'est la conquête du pouvoir, non le pouvoir conquis. Quand le peuple est en train de disputer ses droits contre l'oppression, son intelligence se développe ; quand la masse est devenue prépondérante, un courant tout contraire s'établit. Ceux qui possèdent le pouvoir suprême, que ce soit un seul, un petit nombre ou un grand nombre, n'ont plus besoin désormais des « armes de la raison » ; ils peuvent faire prévaloir leur simple volonté. Des hommes auxquels on ne peut pas résister sont ordinairement trop satisfaits de leurs propres opinions pour être disposés à en changer ou à écouter sans impatience quiconque leur dit : « Vous êtes dans le faux. » Stuart Mill concluait de là, avec beaucoup de justesse, que le véritable intérêt des démocraties serait de donner aux diverses classes assez de force pour faire prévaloir la raison, jamais assez pour prévaloir contre la raison. Or, l'organisation actuelle du suffrage est loin de sauvegarder cet intérêt essentiel de la démocratie.

L'institution du suffrage universel s'appuie sur une troisième théorie, plus élevée et plus sûre que celles de la force et de l'intérêt. C'est surtout au nom du droit que les partisans de la démocratie doivent, selon nous, justifier le suffrage universel. Au-dessus de la force publique et de l'intérêt public est la liberté publique. Celle-ci se résout elle-même dans la liberté de chacun, dans cette propriété de soi qui est la première des propriétés; l'individu n'a donc pas le droit d'aliéner dans l'État, au profit d'un autre, sa liberté propre et la liberté de ses descendants, sa propriété personnelle et celle d'autrui. Le suffrage universel a pour but de réserver la volonté et l'autonomie des générations à venir, des nouveaux venus, des nouveaux *occupants;* c'est pourquoi il entraîne la suppression des privilèges héréditaires, des aristocraties et des monarchies, de tout ce qui enchaîne définitivement les libertés présentes et futures.

Ce principe est moralement incontestable; mais on ne comprend guère, en général, les conséquences qui en dérivent. Au point de vue du droit, le suffrage implique, à notre avis : 1º un pouvoir sur soi, une propriété de soi; 2º un pouvoir sur les autres individus, une appropriation de leur domaine d'action; 3º une fonction publique exercée au nom de la nation tout entière. La plupart des théoriciens de la démocratie ne voient que le premier de ces caractères. Écoutez les économistes, écoutez aussi les philosophes de l'école utilitaire, écoutez enfin certains partisans de la politique radicale : selon eux, le suffrage est un droit inhérent à la qualité d'homme et ayant pour but de sauvegarder au sein de l'État la liberté *individuelle* avec la propriété *individuelle*. C'est bien là, en effet, un des buts du suffrage ; mais est-ce le but unique? Non. Ce n'est pas seulement une certaine liberté et un droit de propriété sur moi-même que le suffrage me garantit, c'est encore une autorité sur autrui. Quand je vote, je ne suis pas seul intéressé, puisque je ne vote pas pour moi seul. J'exerce un pouvoir sur le domaine des autres individus, et les autres exercent un pouvoir sur le mien, tout comme s'il s'agissait de la gestion d'une propriété et de la répartition de ses produits. Ce pouvoir sur autrui, multiplié par le chiffre des votants ou tout au moins de la majorité, devient considérable et même menaçant. De là une seconde opinion qui considère le suffrage comme une part de pouvoir attribuée par un contrat réciproque à chaque associé, dans la grande société civile et politique. Cette doctrine assimile l'État à une association ordinaire, comme les compagnies anonymes qui se forment pour un objet industriel, commercial, scientifique. Dans ces compagnies chacun a, comme on dit, voix au chapitre ; chaque actionnaire est consulté sur la direction de l'entreprise, parce qu'il est propriétaire d'une part du capital collectif : il a un droit de contrôle sur la gestion de cette

part. — Quoique cette conception du suffrage ait sa
vérité relative, elle repose encore, selon nous, sur
une idée incomplète de l'État. L'État n'est pas une
association arbitraire : nous naissons Français, Anglais, Allemands, sous tel gouvernement, au milieu
de telles institutions et de telles mœurs. Il y a non-
seulement solidarité historique, mais encore solidarité organique entre les membres de la nation.
Le radicalisme actuel, avec Rousseau, ne voit guère
dans l'État que le côté conventionnel : il fait de
l'État « un corps moral et collectif composé d'autant de membres que l'assemblée a de voix, lequel
reçoit de ce même acte son unité, son *moi* commun, sa vie et sa volonté ». C'est oublier que
« le corps collectif » n'est pas seulement formé par
les voix d'une assemblée, qu'il existe avant toute
assemblée délibérante, qu'il a sa « vie » indépendamment de toute délibération, qu'il a sa « volonté »
même résultant de la somme des tendances inhérentes à ses parties, de ses instincts, de son tempérament, de son histoire. L'assemblée politique ne
produit même pas le « moi » de la nation, c'est-à-
dire la pensée générale et la volonté générale; elle
est seulement un moyen d'acquérir la *conscience* de
ce *moi* et d'en assurer la *direction* réfléchie. L'individu, par sa conscience, constitue-t-il sa propre
existence et sa vie propre? Nullement; il existe et
vit d'abord, il prend ensuite conscience de soi s'il
peut et comme il peut : de même pour la nation,

dont la conscience ne saisit le plus souvent que les
résultats superficiels, les symptômes de la santé et
de la maladie, non les causes profondes.

D'après les principes que nous venons de poser,
que devient le droit de suffrage? Il acquiert un
troisième caractère et apparaît comme une fonction
sociale, une fonction de la conscience collective.
Par le suffrage, pourrait-on dire, toutes les cellules
du corps politique sont appelées à prendre leur
part de la vie intellectuelle et volontaire, à devenir
en quelque sorte des cellules conscientes et dirigeantes comme celles du cerveau. Or l'idée de fonction entraîne celle de capacité. Il ne suffirait pas à
un homme de décréter que les cellules de son pied
prendront part à la conscience réfléchie et à la
direction réfléchie de son organisme pour les en
rendre effectivement capables; même dans le cerveau, toutes les cellules ne sont pas développées au
même degré ni susceptibles de la même conscience.

En résumé, ne voir dans le suffrage (comme on
le fait presque toujours) qu'un seul aspect, — soit
le côté individuel, soit le côté contractuel, soit le
côté social, — c'est, selon nous, laisser échapper
l'un ou l'autre des trois rapports constitutifs du
suffrage : rapport de l'individu à soi-même, rapport
de l'individu aux autres individus comme tels, rapport de l'individu à l'État comme tout organique. A
ces trois points de vue, le droit suppose la capacité :
1° capacité de se gouverner soi-même; 2° capacité

d'exercer par mandat un pouvoir sur autrui; 3° capacité d'exercer une fonction sociale au nom de l'État et de participer ainsi au capital social de puissance collective. Telle est, si nous ne nous trompons, la vraie et complète conception qui contient en germe toute la philosophie du suffrage universel.

A plusieurs reprises, dans les constitutions françaises, on a inscrit ce principe essentiel que chaque député élu par les citoyens n'est pas simplement le mandataire de ces citoyens , mais le représentant de la nation tout entière; d'où résulte la condamnation du mandat *impératif*. Combien d'électeurs qui ignorent ce principe et ne voient dans leur député que l'humble serviteur de leurs intérêts! Certaine école d'économistes contribue elle-même à répandre cette erreur d'un individualisme excessif, qui fait de la représentation un simple moyen de défense pour l'intérêt des commettants, pour leur liberté et leur propriété individuelles. Non-seulement il faudrait que le rôle social du représentant fût sans cesse devant la pensée des électeurs, mais encore il faudrait que la fonction sociale de l'électeur même fût proclamée dans la Constitution et surtout comprise dans la pratique. Chaque électeur est lui-même, au moment du vote, le représentant de la nation entière, qui, en lui confiant une charge, lui impose un devoir : il doit voter non pas seule- ment pour lui, mais pour les autres individus et pour toute la nation. Voilà le principe qui, avec plusieurs autres de même importance, devrait être écrit sur la carte même de l'électeur, afin de lui rappeler son devoir au moment où il exerce son droit. On néglige trop, dans la vie civile, tous les moyens d'instruction qu'on sait employer dans la vie militaire : n'a-t-on pas avec raison inscrit sur le drapeau les mots : *honneur et patrie?* Toute la vie civile devrait aussi se résumer en inscriptions capables de frapper l'esprit populaire, et on ne devrait négliger aucun moyen de rappeler sans cesse au peuple ses obligations : combien y a-t-il d'électeurs qui comprennent que le suffrage n'est pas seulement l'exercice d'une liberté, mais l'exercice d'une autorité? Combien songent que leur vote est comparable au verdict d'un juré, avec cette différence que, dans un tribunal, il s'agit seulement de statuer sur le sort d'un individu, tandis que l'électeur statue sur le sort de la nation entière? Si les désirs et les intérêts personnels n'ont rien à voir dans le verdict du juré, que sera ce dans celui de l'électeur? On exige du juré un serment de sincérité et de désintéressement, on n'en exige pas de l'électeur; il n'en est pas moins vrai que, de part et d'autre, toute vue égoïste est une trahison et un parjure.

CHAPITRE II

Le rôle de l'État n'est généralement pas mieux
compris que celui de l'individu. L'omnipotence
de l'État, faussement admise par l'école radicale,
devient dans la pratique l'omnipotence des majorités. Les démocraties actuelles ne sont que le
gouvernement de tous par le plus grand nombre,
au lieu d'être le gouvernement de tous par tous. Ce
vice tient à ce que nos démocrates, dans la répartition de la puissance collective, confondent le droit
universel de suffrage avec l'expédient pratique des
majorités. Il importe d'insister sur cette confusion,
qui entraîne les plus graves conséquences.

L'idéal d'une société parfaitement libre serait que
toute loi y fût l'œuvre de la volonté *unanime*. Cet
idéal n'est pas aussi irréalisable de tous points qu'on
pourrait le croire d'abord. L'unanimité, seule forme
adéquate de la liberté générale, existe déjà sur un

certain nombre de points. Par exemple, nous voulons tous vivre en société, nous voulons tous entrer dans le contrat social. S'il en est qui s'y refusent, libre à eux d'émigrer dans l'île de Robinson. De plus, nous voulons tous vivre dans cette société particulière qui constitue notre nationalité propre, la France. Au sein de cette nationalité, enfin, un certain nombre de choses réuniraient encore l'unanimité. Nous voulons tous qu'il y ait des routes, des canaux, des chemins de fer; nous voulons tous (les voleurs exceptés) qu'il y ait des gendarmes et des tribunaux. Mais il arrive un point où se produisent des divergences, des conflits d'opinions, d'intérêts et même de droits. A cette sorte de bifurcation, quel est le moyen pratique d'obtenir encore, tout en se divisant, la plus grande unité possible, le plus grand accord des libertés, conséquemment le plus haut degré de justice?

De deux choses l'une : ou les actes sur lesquels les opinions se divisent n'ont rien d'incompatible, ou ils sont inconciliables. Vous voulez allez à droite, je veux aller à gauche; la solution pratique est alors que nous allions chacun de notre côté. Cette solution libérale devrait être généralisée autant qu'il est possible dans les relations humaines. Par une décentralisation intelligente, la société se fractionnerait en groupes de plus en plus petits sans cesser pour cela d'être unie par les points communs. Ce serait la réalisation par la liberté humaine de systèmes analogues à ceux que réalise la fatalité des lois astronomiques. Le système solaire, par exemple, est animé d'un mouvement commun de translation auquel participent tous les objets qui le composent. Mais ce mouvement commun de translation n'empêche pas les mouvements particuliers des planètes autour du soleil; le mouvement de chaque planète, à son tour, n'empêche pas le mouvement particulier de ses satellites. De plus, si le satellite a des habitants, son mouvement n'empêche pas les mouvements en tous sens que ces habitants accomplissent à la surface. On a ainsi des différences de plus en plus complexes dans les détails, qui ne nuisent pas à la parfaite unité de l'ensemble. Tel devrait être le système des volontés humaines, à la fois un et divers, libre dans l'unité, libre aussi dans la diversité : chacune demeurerait, en se joignant aux autres, maîtresse et propriétaire de soi.

Mais il y a des circonstances où les diverses décisions sont absolument incompatibles entre elles; en ce cas, de quel côté se diriger? — Du côté de ceux qui ont pour eux la raison et le droit, répondent les partisans de l'aristocratie. — Mais comment savoir qui a pour soi la vérité et la justice? Nous ne possédons pas un critérium pour reconnaître ceux qu'on appelle « les mauvais et les incapables [1] »,

1. M. Schérer, *Ibid.* ; M. Renan, la *Réforme intellectuelle et morale*, et M. Taine, les *Origines de la France contemporaine*.

comme nous en possédons pour reconnaître les infirmes, les boiteux, les scrofuleux; c'est pour cela . qu'il est inexact d'assimiler le suffrage universel à la philanthropie mal entendue, cette sélection à rebours au profit des faibles et des mauvais. L'instruction même n'est pas un critérium suffisant de capacité politique, comme nous le montrerons tout à l'heure; d'ailleurs, l'instruction se trouvant coïncider avec l'aisance ou la richesse, le privilège attribué à l'instruction se changerait en un privilège attribué à l'argent. En fait, l'instruction n'a jamais donné l'impartialité aux classes riches tant qu'elles sont restées des classes privilégiées, au lieu d'être simplement des classes dirigeantes. Le suffrage restreint, d'après l'expérience acquise, a montré les mêmes vices que celui du grand nombre : corruptibilité, vanité, préjugés, ignorance, méfiance de la liberté, amour de la protection. La bourgeoisie et la noblesse, ici, n'ont pas plus le droit de s'enorgueillir que le peuple. Tout comme le peuple elles ont, par opposition à l'intérêt général, leurs intérêts égoïstes ou ce que Bentham appelait, au sens latin du mot, « leurs intérêts sinistres ». Les mauvais et les incapables, dont on nous parle, peuvent aussi bien se rencontrer dans les oligarchies que dans la masse de la nation; l'histoire montre que toutes les aristocraties ont péri par leurs vices et leurs incapacités, et que les prétendus « meilleurs » sont souvent les pires. En appelant tous les citoyens au contrôle du pouvoir et au partage de la puissance collective, sous certaines conditions de capacité que nous aurons à indiquer, on s'expose sans doute à y appeler des hommes sans valeur, mais on s'y exposerait encore plus en attribuant un privilège à certaines classes. La seule différence, c'est que l'élément mauvais, s'il existe dans une aristocratie fermée, l'a bientôt corrompue tout entière, tandis que, réparti dans une masse toujours ouverte et mouvante, il s'affaiblit et finit par s'éliminer lui-même. On empoisonne une source plus facilement que la mer.

Nous sommes donc obligés, dans la question du suffrage, de considérer uniquement la qualité d'homme et de citoyen, en faisant abstraction des qualités intellectuelles et morales. Ne pouvant peser les têtes, il faut bien les compter. Il est logique, lorsqu'il y a conflit, que le nombre décide; non parce qu'il est le nombre, mais parce qu'il représente plus de droits et de volontés. Il faut donc dire : « Convenons *unanimement* de nous en rapporter à la *majorité*. » Ceux qui n'approuvent pas les décisions de la majorité ne peuvent, s'ils veulent employer des moyens pacifiques, que choisir entre les termes du fameux dilemme : *se soumettre* ou *se démettre*, en quittant le pays.

Tel est le principe sur lequel repose le droit de décision reconnu aux majorités par la totalité même. Mais, s'il y a là une convention nécessaire, il n'y a

rien qui justifie l'orgueil des majorités triomphantes
et leur prétention à représenter, par le seul fait de
leur nombre, « la souveraineté nationale ». D'abord,
ce mot de souveraineté, en son sens absolu, devrait
être banni de la science moderne, qui n'admet rien
que de relatif, surtout en fait de pouvoir politique.
La souveraineté ne peut exister que sur les *choses*
considérées comme *propriété;* or, même sous ce
rapport, nous avons vu qu'elle n'a rien d'absolu; à
plus forte raison s'il s'agit de cette forme de propriété immatérielle qu'on nomme la puissance législative et exécutive : une telle propriété n'est ni
exclusivement individuelle ni exclusivement sociale,
elle est donc toute relative. Ni la nation ni l'individu ne sont vraiment souverains : il n'y a point de
dieu sur la terre. Quant à la volonté nationale, elle
ne réside que dans l'unanimité; et encore l'unanimité, si elle n'était pas durable, ne serait qu'une
somme de volontés particulières prêtes à se dis-
perser en tous sens. L'agrégat des volontés *individuelles* n'est pas la vraie volonté organique de la
nation. On voit donc que la majorité, au lieu de
s'enorgueillir, devrait être modeste; une bonne
éducation du suffrage devrait faire comprendre aux
majorités qu'elles sont un substitut provisoire et
faillible de la volonté universelle. A plus forte raison ne doivent-elles pas se persuader qu'elles représentent nécessairement la vérité et la justice.
Enfin, elles devraient se souvenir qu'elles ont été

minorité avant d'être majorité. C'est même la loi de l'histoire que l'opinion la plus vraie et la plus progressive soit d'abord celle d'un homme isolé, puis d'une minorité, avant d'être celle du plus grand nombre. Il y a donc de fortes chances pour que l'opinion de l'avenir soit actuellement dans l'une des minorités vaincues par la majorité; mais dans laquelle? C'est ce qu'il est impossible de savoir. L'erreur qui s'en va et la vérité qui arrive sont toutes les deux une minorité, et c'est précisément parce que nous ne possédons pas de critérium suffisant pour distinguer ici l'aurore du crépuscule que nous nous contentons de l'opinion la plus moyenne, comme offrant moins de chances d'erreurs et plus d'éléments perfectibles. Nous adoptons, faute de mieux, ce que Descartes appelait une *morale de provision* : en évitant toujours les opinions extrêmes, on peut ne pas suivre le droit chemin, mais du moins on est sûr de ne pas s'en écarter considérablement. Morale modeste et qui devrait inspirer la modestie à ceux qui la pratiquent, car elle est celle de la médiocrité.

Ainsi, à tous les points de vue, la soumission à la majorité n'est qu'un expédient nécessaire, admis par une convention, et auquel on ne devrait pas attribuer une sorte d'infaillibilité mystique. Il faudrait, au contraire, se souvenir que c'est une *transaction*, non une *solution* véritable, et que toute transaction exige la modération dans le succès.

12

CHAPITRE III

Dans une *décision* à prendre, nous venons de le voir, on ne peut pas concilier la majorité et la minorité; mais, quand il s'agit de la *délibération*, on peut fort bien les concilier en représentant toutes les opinions et en leur permettant de s'exprimer. Un cerveau ne peut pas se décider pour deux choses contraires à la fois, mais il peut et il doit délibérer sur les contraires; il en est de même pour cette sorte de cerveau national qu'on nomme un parlement. Dans le cerveau de l'animal, toutes les parties du corps sont représentées par des centres « sensoriels et moteurs », auxquels aboutissent les sensations et d'où partent les mouvements : c'est une sorte de délégation des membres au cerveau. Mirabeau, à ce sujet, se servait d'une autre comparaison qui n'a pas moins de justesse : « Les

assemblées représcntatives peuvent être comparées
à des cartes géographiques qui doivent reproduire
tous les éléments du pays avec leurs *proportions*,
sans que les éléments les plus considérables fassent
disparaître les moindres. »

Maintenant, jusqu'où doit aller cette proportionnalité dans la représentaiion, cette sorte de partage,
non plus du sol, mais de la puissance collective?
La proportionnalité doit-elle viser à une cxactitude
presque mathématique, comme le voudraient les
partisans actuels de Stuart Mill et de Hare, parmi
lesquels on peut nommer MM. Naville et Bluntschli? — C'est la grave question de la représentation
proportionnelle des partis, en vue de laquelle se
sont fondés des sociétés de propagande, des journaux, des revues.

Pour résoudre le problème, il faut d'abord examiner la nature et le rôle de ces divers partis dont
on nous propose d'assurer la représentation exacte.
Au point de vue de la science sociale, deux espèces
de forces sont indispensables au corps politique
comme à tout organisme vivant : forces de conservation et forces de progrès. Elles se personnifient
dans les deux grands partis qui devraient dominer
chez tous les états modernes : libéraux conservateurs et libéraux progressistes. Au lieu de se détester mutuellement, ces partis devraient comprendre qu'ils sont nécessaires l'un à l'autre et nécessaires à l'ensemble. Ici encore, l'idée de *relativité*

est l'expression de la vérité. Au point de vue psychologique, l'État, qui est l'homme agrandi et résume en soi toutes les forces vives de l'homme, doit renfermer *simultanément* des partis qui se distinguent entre eux par des différences correspondant à celles des âges *successifs* dans l'individu. C'est ce point de vue qu'ont développé Rohmer et Bluntschli; ce dernier a fait avec finesse la psychologie des divers partis, quoiqu'il ait poussé trop loin la symétrie des rapprochements [1]. A l'adolescence répond le radicalisme. Toutes les pensées de l'adolescent sont pour l'avenir; un monde nouveau s'ouvre devant lui et il croit qu'il pourra l'organiser à sa fantaisie. Cet idéalisme et ce goût des principes abstraits se montrent au XVIIIᵉ siècle et à l'époque de la révolution française. Rousseau, le grand maître du radicalisme, part de définitions générales pour construire mathématiquement l'État comme une pyramide régulière; Robespierre se fait l'exécuteur de ses conceptions géométriques et inflexibles. Toute formule apprise à l'école semble à l'adolescent une vérité universelle et partout applicable; le radical pense de même : il prête à ses lois et à ses institutions un pouvoir magique. L'adolescent aime à pousser les choses à l'extrême et à l'absolu; on le voit, armé de sa petite logique, aller de destruction en destruction sans s'inquiéter

1. *La Politique*, traduction de Riedmatten.

des obstacles : il confond l'école avec la vie réelle et mesure l'une par l'autre. Combien de théoriciens ont construit l'État de la même manière! L'adolescent ne comprend pas plus les vraies proportions des forces que leurs précédents historiques : il entreprend de grandes choses avec de petits moyens et s'étonne naïvement de l'insuccès. Son courage s'anime facilement et il est presque aussitôt téméraire. Comme lui, le radical est entreprenant; comme lui, il est peu constant. Follement audacieux dans l'attaque, la défaite est pour lui une déroute. Tout lui semble alors perdu; mais un rayon de soleil ressuscite toutes ses espérances et l'emporte à de nouvelles entreprises. Le suffrage universel ne devrait jamais oublier que les radicaux peuvent être de bons opposants, mais qu'ils sont de détestables gouvernants. Par malheur, dans le mode actuel de scrutin, la violence même des radicaux est une chance de succès auprès des masses, auxquelles il suffit trop souvent de tout promettre pour tout obtenir d'elles.

L'esprit libéral et progressiste répond à l'âge de la jeunesse et de la première virilité, qui se distingue surtout par le développement des forces productives : le jeune homme cherche à s'affirmer, à produire, à prendre sa place dans le monde. Les natures libérales offrent le même caractère, et la puissance *organisatrice* qu'elles montrent est le signe infaillible du véritable libéralisme. La plupart des esprits créateurs sont libéraux ou brillent par quelque grande qualité libérale. Les radicaux ne sont encore que des écoliers épris d'un système ; « mais, dit Bluntschli, si l'école *systématise*, la politique créatrice *organise* ». Le libéral aime la liberté par-dessus tout : pour lui, être libre, c'est vivre ; mais il se méfie des libertés octroyées ou improvisées, il n'a foi que dans la liberté innée ou conquise par le travail et l'effort. Le progrès, voilà son but. « L'humanité civilisée est sortie de l'adolescence depuis environ deux siècles ; le fond de son caractère est actuellement libéral et progressiste. »

Le conservateur libéral, c'est l'homme de quarante à cinquante ans environ, moins occupé d'acquérir des biens nouveaux que d'améliorer et d'étendre ceux qu'il possède. Le type conservateur a toutes les préférences de certains politiques, par exemple de Bluntschli, et nous ne savons pourquoi, puisque ce dernier dit lui-même : « *Produire* et conserver sont les deux pôles du gouvernement du monde. » Ce sont aussi, nous l'avons vu, les deux pôles de toute propriété. Mais conserver n'a pas plus d'importance que produire, et même, dans une nation qui progresse, la fécondité créatrice doit avoir un certain surplus en sa faveur. Quoi qu'il en soit, le libéralisme conservateur a moins de génie, mais plus de prudence que le libéralisme progressiste. Le conservateur est moins facilement enthousiaste, non qu'il méprise les idées, mais parce qu'il voit mieux les difficultés de leur réalisation. Si le progressiste aime surtout la liberté, le conservateur aime surtout le droit, « qui, dit Bluntschli, donne force et stabilité aux rapports reconnus nécessaires ». De plus, il s'attache surtout au « droit historique », dont il maintient jusqu'à la forme traditionnelle. L'histoire est la gardienne des choses passées, et la vie de l'homme mûr est déjà presque une histoire : aussi est-il plus apte à comprendre celle des autres. Il veut que le mouvement vers l'avenir respecte les droits du passé. Aussi est-il peu agressif, et sa force est surtout la défensive. L'esprit conservateur a sa place naturelle après une révolution ou une transformation profonde, alors qu'il s'agit de garder les conquêtes faites et de les préserver d'abus nouveaux. Les grands législateurs, dit Bluntschli, sont souvent des progressistes ; les grands jurisconsultes sont pour la plupart des conservateurs.

L'absolutisme réactionnaire correspond à la vieillesse. La vie descend et s'approche de sa fin ; les éléments passifs redeviennent prépondérants. Routine, tyrannie, irritabilité, finesse, esprit de combinaison et de calcul, esprit positif, c'est l'image du parti absolutiste. Le vieillard est parfois « un virtuose dans les affaires de finances » : nombre de banquiers et de financiers ont été vieux toute leur vie. L'amour du repos, le besoin de s'endormir se montrent surtout à la suite des révolutions ou des guerres pénibles; l'absolutisme sait habilement profiter de ces moments. Il aime l'autorité incontestée, qui semble le mieux assurer le repos. Son idéal est l'obéissance passive. Qu'on trouble sa tranquillité, il s'irrite et devient parfois cruel. « La plupart des tyrans, et les plus détestables, appartiennent par le caractère au vieil âge. »

Tout en reconnaissant la part de vérité que contient la psychologie des partis, il ne faudrait pas croire que chaque âge fût rigoureusement voué à l'un des caractères dont nous venons de faire l'esquisse : il s'agit seulement de tendances générales et de moyennes, qui n'excluent pas les différences individuelles. Alcibiade, remarque lui-même Bluntschli, était encore un adolescent à l'âge d'homme; Auguste adolescent était un vieillard; Périclès garda sa jeunesse jusqu'au tombeau; Scipion fut toute sa vie un homme. De même, les partis politiques renferment des hommes de tous les âges : il y de vieux radicaux et de jeunes absolutistes. Pourtant, il est certain qu'une analogie générale existe entre l'action successive des âges dans le développement de l'individu et l'action simultanée des partis dans l'évolution politique. Le progrès sera régulier et se conciliera avec une juste conservation des résultats acquis, si la représentation nationale se compose de deux grands partis libéraux, l'un progressiste et l'autre conservateur, avec quelques éléments de radicalisme contre-balancés par un reste inévitable d'absolutisme. Ces deux extrêmes iront se restreignant peu à peu au profit des tendances modérées et libérales. Le suffrage doit être organisé de façon à préparer ce résultat. En France, malheureusement, les partis politiques sont loin de réaliser l'idéal de Rohmer et de Bluntschli. Nous avons des radicaux et des absolutistes ; mais les radicaux sont trop souvent révolutionnaires, et les absolutistes le sont aussi à leur façon, puisqu'ils ne sont que les partisans des dynasties tombées et que leur but est le renversement de la constitution. Nous avons des libéraux progressistes, mais nous avons peu de libéraux conservateurs. On l'a remarqué avec raison, quiconque n'est pas dans le camp des radicaux et des progressistes passe, presque sans transition, dans celui des absolutistes : il semble difficile, en France, d'être conservateur sans se mettre à la remorque d'intérêts religieux ou dynastiques et sans devenir par cela même rétrograde. Nous n'avons donc point de vraies *tories*, ou, s'il en existe, ils ne sont encore qu'à l'état latent. Le sénat, cependant, pourrait offrir une certaine organisation du libéralisme conservateur ; il serait aussi à désirer que, dans la chambre des députés, les partis modérés et libéraux l'emportassent de plus en plus sur les partis extrêmes et violents, auxquels le système actuel assure trop souvent la victoire en décourageant les opinions moyennes. Accorder le

droit de *délibération* à tous les partis constitutionnels proportionnellement à leur force et assurer le
droit de *décision* au libéralisme progressiste, avec
le contrepoids du libéralisme conservateur, tel est
le but que doit poursuivre la démocratie, pour assurer le partage équitable de la puissance sociale,
dont la répartition n'est pas moins difficile que celle
de la propriété.

Ce but n'est pas aussi aisé à atteindre par des
procédés mathématiques que le croient les partisans
de la « représentation proportionnelle ». De plus,
une représentation théoriquement exacte des minorités pourrait offrir, dans la situation actuelle, des
dangers pratiques, méconnus par les adeptes de
Stuart Mill et de Hare. Pour que la représentation
proportionnelle soit applicable, il faut, selon nous,
qu'il n'existe guère dans un pays que des partis
constitutionnels. Mais, en France, nous venons de
le voir, la lutte est presque toujours entre ceux qui
admettent la constitution et ceux qui veulent la
renverser. Or, il faut avoir soin de ne pas organiser
dans l'état la division même des partis, de ne pas
élever ces partis au rang de membres constitutifs
dans le grand corps social. En outre, le groupement
volontaire des individus à travers tout le pays,
proposé par Hare, pourrait favoriser non seulement
l'organisation des partis, mais celle des classes et
des intérêts de classe. Enfin, la séparation du pouvoir de délibération et du pouvoir de décision est

nécessairement quelque peu arbitraire dans l'état
actuel de nos institutions, car c'est la même assemblée qui délibère et décide, soit sur une loi à établir, soit sur un ministère à renverser, soit même
sur une constitution à reviser. Si donc vous repro-
duisez trop exactement dans l'assemblée les divi-
sions mêmes d'opinions qui mettent les citoyens en
lutte les uns avec les autres, si vous envoyez aux
assemblées les représentants des théories les plus
inconciliables, vous érigez la guerre, et une guerre
aiguë, à l'état constitutionnel. Il en résulte l'impos-
sibilité d'une politique suivie, une ligue continuelle
des minorités aboutissant à déplacer les majorités,
à renverser tous les ministères, à rendre tout gouvernement impuissant et éphémère. Un parlement
n'est pas un conseil purement consultatif, une sorte
d'académie où toutes les opinions se font entendre
par amour platonique de la vérité; au contraire,
tout y tend à l'action et aboutit à l'exécution. De là
l'antithèse du pouvoir simplement délibératif et du
pouvoir exécutif. Ceux qui ne voient que le premier
ne conçoivent d'autre idéal que la représentation
proportionnelle des opinions, même des plus extrêmes; ceux qui ne voient que le second ont pour
idéal la formation d'une majorité de gouvernement,
à l'exclusion des extrêmes. En France, il faut
bien reconnaître que les nécessités de la situation
actuelle sont de former une majorité de gouvernement, et c'est pour cela que le scrutin de liste a ses

avantages. Le scrutin de liste peut soustraire les
députés aux influences locales, et, par cela même,
soustraire les ministres à la tyrannie de ces mêmes
influences. Ce n'en est pas moins un expédient et
une arme de guerre, non un procédé de paix ; mais
à qui la faute, sinon à la commune obstination des
partis réactionnaires et des partis radicaux? Tant
que la discorde sera dans les esprits, on ne pourra
espérer que la paix soit dans les assemblées et que
les gouvernements aient pour unique préoccupation
le progrès intellectuel, moral ou économique de la
nation. Ils en sont réduits par la lutte pour l'existence à remettre sans cesse au lendemain des réformes philosophiquement justes et utiles : *primo vi-
vere, deinde philosophari.*

Les philosophes n'en doivent pas moins continuer
de montrer le but à atteindre, ne fût-ce que pour
convaincre les esprits absolus, si nombreux en
France, de ce qu'il y a de relatif dans toutes les
expériences du suffrage universel, de ce qu'il y a
d'imparfait et d'irrationnel dans ce monopole des
majorités dont l'école de Rousseau fait un dogme,
dans cette aristocratie du plus grand nombre que le
radicalisme confond avec la vraie démocratie.

Quand la pacification relative des esprits sera
atteinte, quand il n'y aura plus de partis anticonsti-
tutionnels et révolutionnaires, quand l'exécutif sera
aussi rendu moins dépendant du législatif, quand un
ministère ne se croira plus obligé de donner sa

démission devant un seul vote d'une seule chambre, mais seulement devant le vote concordant des deux chambres ou devant le vote réitéré d'une seule ; enfin, quand certains ministères où l'administration l'emporte sur la politique seront soustraits aux fluctuations des parlements, alors ceux-ci pourront redevenir des assemblées vraiment délibérantes, cherchant avec sincérité le vrai et le juste ; alors aussi sera nécessaire la représentation proportionnelle des partis, qui aboutit à un partage proportionnel du fonds de puissance commune.

Dès aujourd'hui, cette proportionnalité serait désirable et praticable dans les conseils municipaux, surtout à Paris. Elle ne pourrait, par l'intermédiaire des conseils municipaux, qu'avoir une heureuse influence sur la composition du sénat. Dans la chambre haute plus qu'ailleurs il importe, selon nous, d'assurer une représentation équitable des minorités pour servir de contrepoids au privilège inévitable de la majorité dans l'autre chambre [1].

1. Par malheur, si grande est aujourd'hui la tendance à rendre tout uniforme, sans tenir compte des circonstances ni de la qualité des électeurs, qu'on assimile l'électorat politique et l'électorat municipal. Les deux sont cependant bien distincts. L'émigration des campagnes dans les grandes villes va croissant ; comment s'imaginer que cette peuplade d'immigrants qui vient chercher du travail dans une ville prenne en grand souci la prospérité matérielle et la grandeur morale de la cité ? Tantôt elle ne voit que ses intérêts personnels et de classe, tantôt elle ne se préoccupe que de réaliser un programme politique ou social. La cité n'est plus qu'un instrument ; on ignore ou on sacrifie ses intérêts. Paris n'est

Outre l'opposition de la majorité et de la minorité, qui aboutit à la lutte des partis constitutionnels, le suffrage universel renferme une autre antinomie non moins inquiétante : celle de la quantité et de la qualité des suffrages. Réconcilier la supériorité numérique avec la supériorité intellectuelle, voilà la « quadrature du cercle » de la démocratie. On a proposé des solutions approximatives. Deux méthodes sont en présence : 1° évaluer numériquement la supériorité intellectuelle et attribuer plusieurs suffrages à l'homme instruit; 2° instruire et éclairer assez la masse entière pour que la quantité des suffrages, en moyenne, coïncide avec leur qualité.

Stuart Mill a beaucoup insisté sur la première méthode, qui essaie de traduire la valeur intellectuelle en nombre et qui, selon le degré d'instruction, gradue le nombre de voix accordé à un seul individu : c'est le « suffrage plural ».

Mais ce système n'est pas sans danger : on ouvre la porte à l'arbitraire; certaines classes de citoyens, en s'attribuant trop de voix, finiraient par constituer des oligarchies, d'autant plus que les classes plus instruites sont aussi plus aisées. Il en résulterait

---

plus aux vrais Parisiens, il est aux nomades qui l'envahissent. Le droit d'électeur municipal ne devrait s'accorder qu'après un séjour assez prolongé pour que le nouveau-venu fût vraiment un citoyen de la commune, capable de s'intéresser à ses affaires et à l'administration de ses biens, de connaître ces affaires et de connaître aussi les hommes dignes de la représenter.

qué les inégalités de la propriété individuelle péné-
treraient dans cette sorte de propriété égale et collective qui constitue le pouvoir délibératif. Le seul
cas où la pluralité des suffrages accordée à un individu aurait, chez nous, quelque chance de se faire
admettre, ce serait plutôt celui où l'individu en
question est, en réalité, le représentant de plusieurs
personnes : tel est le père de famille; il représente
sa femme et ses enfants, il représente même toute
une génération en puissance : il pourrait donc avoir
deux voix [1].

1. Malgré nos idées égalitaires, nous n'en sommes pas encore
venus à vouloir que les femmes aient le droit de voter et
participent ainsi au pouvoir politique. Nous comprenons que
leur incapacité politique est trop grande, que leur liberté de
jugement et de conscience n'est pas entière, qu'elles sont
toujours plus ou moins sous la tutelle de leur mari ou sous
celle de leur confesseur, que, n'ayant pas vraiment encore
la propriété de soi, elles ne peuvent avoir autorité sur
autrui. En un mot, nous cessons d'être naïvement égalitaires
quand il s'agit d'égalité entre les personnes de sexe différent,
sauf à le redevenir dès qu'il s'agit de personnes du même
sexe à capacités très variées. Cependant, si l'on n'admet pas
la participation directe de la femme et des enfants au suffrage
et à la puissance collective, on pourrait admettre leur représentation par le chef de famille, auquel on accorderait deux
voix au lieu d'une, comme mandataire des droits ou des
intérêts d'une famille et non pas seulement d'un individu. Si
l'on suppose que le jeune homme, mineur et incapable la
veille, devient majeur et capable de gérer la fortune publique
lorsque s'accomplit, à minuit sonnant, sa vingt et unième
année, on pourrait bien supposer aussi que les pères de
famille, qui ont, comme on dit, un établissement, des devoirs
nouveaux, des charges nouvelles, une plus stricte obligation
de travail, de prévoyance, d'épargne, ont généralement l'esprit
plus mûr, plus réfléchi, plus éclairé, et sont en moyenne deux
fois majeurs. La prépondérance accordée aux représentants

Le meilleur moyen de résoudre, sinon entièrement, du moins en partie, l'antinomie du droit et de la capacité, c'est, selon nous, l'éducation. Mais il importe de s'entendre sur le caractère qu'elle doit offrir. C'est là une question tellement importante, au point de vue des réformes sociales et politiques, qu'elle réclame un examen particulier.

de la famille ne pourrait que fortifier l'esprit de famille lui-même, si important pour la nation, et assurerait en même temps, dans les affaires publiques, une part plus équitable à la maturité du jugement, à l'instinct de l'ordre, à l'esprit d'épargne. La femme, surtout si elle reçoit elle-même une bonne éducation civique, exerce généralement une influence modératrice sur les penchants révolutionnaires, et on peut admettre qu'en général l'avis d'un père de famille est moins exclusivement individuel.

Nous nous bornons à appeler sur ce point l'attention des lecteurs qui ont souci des conséquences sociales du suffrage universel et, en particulier, de son influence future sur le régime de la propriété : toujours est-il que, dans une pareille réforme, l'inégalité apparente serait un retour à l'égalité réelle.

LIVRE QUATRIÈME

LE FONDS SOCIAL DE CONNAISSANCES ET L'INSTRUCTION UNIVERSELLE

Au point de vue économique, l'instruction constitue le capital par excellence, celui auquel a droit
tout nouveau venu dans la société ; au point de vue
politique, les pays de suffrage universel et de démocratie égalitaire ont besoin encore plus que les
autres d'un enseignement propre à remédier aux
défauts mêmes de la démocratie. Des réformes
importantes sont nécessaires sur ce point et les
préjugés seuls les retardent. Il y eut au siècle dernier un novateur, un révolutionnaire en fait d'enseignement, qui proposa à ses contemporains des
choses hardies : supprimer les châtiments corporels
(malgré les textes sacrés qu'on invoquait en leur
faveur), faire dans les collèges de France la classe
en français et non en latin, écrire en français les
grammaires et les méthodes destinées aux élèves,

accorder une petite place à l'enseignement de la langue nationale auprès des langues anciennes ; enfin, chose plus scandaleuse, apprendre aux jeunes Français un peu d'histoire de France après leur avoir raconté dans tous ses détails l'histoire des Romains et des Grecs. Ce révolutionnaire se nommait le bon Rollin. Au xixe siècle, un autre réformateur osait chasser le professorat en latin de son dernier refuge, je veux dire des classes de philosophie, encore livrées à la scolastique des séminaires ; il osait dire que ceux qui font de la philosophie en latin aboutissent nécessairement à deux résultats : mauvais latin et mauvaise philosophie. Ce réformateur avait nom Victor Cousin. De nos jours aussi, on a vu dans le corps enseignant des velléités révolutionnaires, qui ont été suivies, à plusieurs reprises, de mesures plus ou moins heureuses. De nouvelles transformations sont urgentes, surtout si on se place au point de vue des progrès de la démocratie et des dangers du socialisme. Nous essaierons de les indiquer, sans crainte d'étonner parfois ou même de « scandaliser » les adorateurs de la tradition. Nous sommes d'ailleurs de ceux qui pensent, avec les Socrate et les Platon, que l'étonnement est le commencement de toute vraie intelligence des choses, et que le « scandale » *intellectuel* est nécessaire au progrès ; si votre œil vous scandalise, ne l'arrachez pas : c'est qu'il commence à y voir clair.

CHAPITRE PREMIER

L'instruction obligatoire, dans la démocratie, a pour but de rendre le peuple capable d'exercer les fonctions civiles et politiques sans danger pour l'ordre établi et pour le progrès à venir. Cette instruction obligatoire est, en premier lieu, le résultat d'un contrat par lequel nous exigeons un minimum de capacité des citoyens qui, par leurs votes, décideront de notre destinée et de la destinée commune. En second lieu, elle est un instrument de travail donné au nom de la justice réparative, une assistance accordée au nom de la fraternité. En troisième lieu, c'est un moyen d'empêcher l'abaissement de la race par la sélection naturelle, qui, en amenant au pouvoir des masses ignorantes et brutales, y amènerait un élément de décadence. Le suffrage universel suppose deux conditions : d'abord, que la masse des citoyens aura une *connaissance*

du bien général suffisante pour imprimer à la politique et aux réformes sociales une bonne direction;
puis, qu'elle aura la *volonté* du bien général, plutôt
que de ses intérêts particuliers. Ce sont là, à nos
yeux, les deux « postulats » de la démocratie. Or,
c'est à l'éducation qu'il appartient de les réaliser.
Pour cela, il faut qu'elle développe les deux qualités
essentielles du citoyen : sens politique et désintéressement moral.

Il ne semble pas que notre éducation actuelle
réponde à ce double besoin de la démocratie, ni
dans l'enseignement primaire, ni dans l'enseignement secondaire, ni dans l'enseignement supérieur.

A notre époque, les sciences mathématiques et
physiques sont principalement en honneur : nous
leur devons les grands progrès industriels de notre
siècle; mais il ne faut pas croire que ces sciences
puissent faire à elles seules ni des citoyens moralement désintéressés, ni des citoyens politiquement
capables. L'instruction purement scientifique n'y
réussit pas plus que l'instruction purement grammaticale. Aussi la statistique criminelle ne constate pas
un grand avantage au profit de ceux qui savent simplement lire, écrire et compter. Elle constate même
une bien plus grande criminalité chez l'ouvrier que
chez le paysan, quoique l'ouvrier soit plus instruit.
D'après la dernière statistique des prisons, sur
100 condamnés, il y avait : illettrés, 29; sachant
lire, 12; sachant lire et écrire, 27; sachant lire, écrire

et compter, 20; instruction primaire complète, 8; instruction plus élevée, 2. En somme, il y a 29 illettrés seulement sur 100 condamnés. Pour les femmes, il y en a 46. Les rapports officiels constatent et déplorent la faible influence restrictive exercée par l'instruction primaire sur la criminalité. Les départements où la population des illettrés est la plus forte sont loin d'être toujours ceux où les accusés sont les plus nombreux, eu égard au chiffre de leur population. D'autre part, les campagnes, qui sont moins instruites, donnent 8 accusés par an sur 100,000 habitants, et les villes 16, juste le double. Le résultat est d'autant plus inquiétant que la force de prosélytisme, le prestige de l'exemple, l'influence *dirigeante*, en un mot, sont peu à peu enlevés aux professions libérales, où la criminalité n'est que de 9 accusés par an sur 100,000 personnes, pour passer non pas aux populations agricoles, où elle n'est que de 8 pour le même nombre de personnes, mais aux populations industrielles et commerçantes des villes, où elle est de 14 à 18. Les campagnes émigrent vers les villes. De 1851 à 1876, la population urbaine s'est élevée de 25 pour 100 à 32 pour 100. En même temps, les mœurs urbaines et les idées urbaines envahissent les campagnes : il en résulte un accroissement de la criminalité et, dans une certaine mesure, une démoralisation. Plusieurs statisticiens l'ont remarqué, l'influence moralisatrice du savoir commence au moment où il cesse d'être seulement un outil pour devenir un objet d'art [1]. Moraliser, en effet, c'est élever les esprits au-dessus des vues égoïstes et des intérêts purement matériels, vers les idées générales et les sentiments impersonnels. Quand, dans une démocratie, l'idée religieuse est ébranlée, quand l'idée morale elle-même fait place de plus en plus à l'idée utilitaire, il ne reste plus, pour susciter des sentiment désinté-ressés, que l'amour du beau. Qu'est-ce d'ailleurs que le bien moral lui-même, une fois supprimée toute obligation mystique, sinon le beau moral? C'est pour cette raison que l'instruction ne doit pas être seule-ment professionnelle et technique, ni même seule-ment scientifique : elle doit être littéraire et esthé-tique. Les démocraties attique et romaine avaient raison d'appeler tous les citoyens libres aux jouis-sances de l'art; quand les Athéniens se rassem-blaient sur l'agora ou les Romains sur le forum pour donner leurs suffrages, ils ne cessaient pas d'admirer autour d'eux les statues et les temples élevés aux dieux de la patrie.

Outre l'esprit de désintéressement, le citoyen des démocraties a besoin de connaissances précises en politique et en économie sociale; et ces connaissances doivent être rendues obligatoires. En effet, dans les affaires qui ne concernent qu'un seul homme, cet homme a le droit d'être et de demeurer incapable :

---

1. Voir M. Tarde, la *Statistique criminelle*, dans la *Revue philosophique*, 1883.

c'est sur lui seul que retomberont les conséquences de son incapacité. Mais il n'en est plus ainsi dans les affaires qui nous concernent tous; il y a des garanties que la société entière peut exiger des associés : une certaine maturité non seulement d'âge, mais d'intelligence et d'instruction. Pour reprendre ici l'antique comparaison du vaisseau, chère à Socrate, s'il s'agissait de diriger un navire par voie de scrutin, il serait naturel d'exiger de chacun une certaine connaissance des points cardinaux, du gouvernail, de la manœuvre. Tout au moins l'intérêt et le devoir de l'équipage seraient-ils de s'instruire, et le gouvernement aurait le droit d'établir comme obligatoire une certaine somme de connaissances techniques relatives à la construction du navire, à ses diverses parties et aux moyens de le diriger.

Stuart Mill disait que, pour avoir droit de voter, il faudrait tout au moins être capable, au moment du scrutin, « de copier quelques lignes d'anglais et de faire une règle de trois ». Nous croyons peu, ici, à la vertu de la règle de trois. La lecture, l'écriture, le calcul sont des armes à deux tranchants : tout dépend de ce qu'on lit et de l'emploi qu'on fait de son arithmétique. Spencer dit avec plus de raison : — La table de multiplication ne vous aidera pas à comprendre la fausseté des thèses socialistes. Qu'importe que le travailleur sache lire s'il ne lit que ce qui le confirme dans ses illusions? Un homme qui se noie s'accroche à une paille; un homme accablé de soucis s'accroche à n'importe quelle théorie sociale, pourvu qu'elle lui promette le bonheur.

Voici une preuve décisive de l'insuffisance des connaissances primaires : quels sont, parmi les travailleurs de toute sorte, les plus instruits? Les ouvriers; et c'est d'eux précisément, avec leurs idées fausses, que nous vient le plus grand péril. Le paysan ignorant est moins absurde que l'ouvrier à moitié éclairé. Un peu d'instruction éloigne parfois du bon sens; beaucoup d'instruction y ramène. Si on ne perfectionne pas l'instruction primaire, la diffusion de cette instruction amènera tous les travailleurs, y compris les paysans, au niveau des ouvriers, et leur donnera plus de force pour faire de mauvaise politique ou de mauvaise économie sociale : de toutes parts la propriété sera menacée.

Il est curieux de voir des esprits aussi différents que Spencer et Bluntschli se rencontrer dans cette assertion qu'il n'y a point, pour nos démocraties, de liberté possible, ni de vote possible, ni de sécurité possible pour la propriété « sans une bonne éducation politique ». L'école, et surtout l'école populaire, ne peut que préparer cette éducation. L'enfant saisit difficilement la notion de l'État. On ne peut lui donner sur la constitution politique et sociale que des notions très vagues, qui offrent un assez faible intérêt à d'aussi jeunes intelligences. C'est donc surtout la morale publique, la vertu civique,

le patriotisme qu'il faut lui inspirer, et plus encore
par des exemples que par des préceptes. Mais il
reste toujours une grande lacune à combler : c'est
le temps qui s'écoule entre la sortie des écoles, —
vers quatorze ans, — et l'âge de la majorité politique. Dans cet intervalle, il est certain que l'adolescent se trouve livré à lui-même, qu'il est exposé à
oublier une bonne partie de ce qu'on lui a appris,
que l'enseignement civique, en particulier, sort de
sa mémoire juste au moment où il lui deviendrait
le plus nécessaire. Plus tard, l'éducation militaire
pourra en partie servir à l'éducation civique : l'esprit de corps s'éveille, la discipline apprend la
subordination, l'idée de la patrie et l'idée de l'honneur se font pour ainsi dire visibles; de mâles vertus
pourraient se développer si on faisait quelques
efforts pour en aider le développement; mais on y
songe trop peu, et d'ailleurs la vie de soldat n'est
pas la vie de citoyen. Le suffrage étant devenu un
droit de tous, une certaine instruction politique et
sociale devient par cela même un devoir de tous. Cette
instruction ne doit pas être une œuvre de parti,
mais l'exposition des principes sur lesquels repose
l'État et que tous admettent. On a rendu l'instruction civique obligatoire, sous une forme insuffisante
et trop souvent partiale, pour les enfants de douze
à quatorze ans; il faudrait la rendre obligatoire, sous
une forme plus élevée et à la fois plus pratique,
mais absolument impartiale, pour les jeunes gens

qui vont être appelés à exercer leur droit de suffrage. Il est aussi dangereux de lancer dans la vie
politique des jeunes gens étrangers à toute connaissance politique que de lancer à la guerre des soldats
sans aucune instruction préalable. Si on trouve légitime de demander trois ou cinq années aux jeunes
gens pour recevoir l'instruction militaire, n'est-il
pas légitime de leur demander quelques heures par
semaine pour acquérir des notions positives d'instruction politique et de droit constitutionnel ? La
défense contre l'invasion des barbares à l'intérieur
est aussi essentielle, dans nos démocraties, que la
défense contre les invasions de l'étranger. Nous
croyons, pour notre part, qu'il serait désirable, tout
le temps que le jeune soldat est à l'armée, de lui
faire apprendre non pas seulement sa « théorie »
militaire, mais aussi ce qu'on pourrait appeler sa
théorie civique : les principes de la constitution
française, l'organisation de l'État, les devoirs et les
droits des citoyens. Cet enseignement devrait être
fait au moyen de livres écrits en dehors de tout
parti, de toute préoccupation politique ou religieuse[1].

1. Ces livres seraient approuvés par l'unanimité d'une commission où la majorité et la minorité seraient représentées.
Il ne serait pas aussi difficile qu'on le suppose de se mettre
d'accord. L'essentiel serait d'écarter absolument les questions religieuses; pour être certain de ne point blesser les
croyances, on pourrait s'entendre avec une commission de
ministres des différents cultes et supprimer tout ce qui serait
considéré comme blessant pour l'une quelconque des formes
de la foi. Il ne faut pas, dans une question de ce genre, que

En Belgique, on a institué des examens par lesquels on est admis à participer au droit de suffrage : il nous semble que c'est là un bon exemple à suivre [1]. Sans enlever leur droit de suffrage à ceux qui le possèdent, on pourrait rendre obligatoire pour les jeunes gens de dix-neuf à vingt et un ans un enseignement civique. Cet enseignement serait donné, par exemple, dans des cours d'adultes , une fois par semaine. Des examens

la majorité tienne la minorité comme non avenue, car il s'agit ici non d'une décision politique réclamant la simple majorité, mais d'un enseignement national réclamant l'unanimité.

1. La nouvelle loi belge prend pour base de l'électorat la capacité, non censitaire, mais intellectuelle et morale. Un jury fait passer aux candidats un examen électoral, comprenant des questions très simples sur la morale, l'histoire de la Belgique, les institutions constitutionnelles, la lecture, l'écriture, le calcul, la géographie.
Avant d'en arriver là, on avait fait des expériences sur les résultats de l'enseignement primaire : on a soumis les miliciens, restés à l'école quatre ou six ans, à un examen d'une extrême simplicité. On leur a demandé, par exemple, quelles sont les quatre grandes villes du pays et les cours d'eau sur lesquels elles sont situées. 35 pour 100 n'ont fait aucune réponse; 44 pour 100 n'ont fait qu'une réponse partielle. — A cette question : « Par qui les lois sont-elles faites? » 50 pour 100 n'ont rien pu répondre; 82 pour 100 ont répondu que les lois sont faites par le roi, ou par le roi et la reine, ou par les ministres, ou par le gouvernement, ou par le sénat; 15 pour 100 ont satisfait à la question. Quand il fallut citer un Belge illustre, 67 pour 100 ont cité des notabilités étrangères, prises dans tous les genres et dans tous les lieux; 20 pour 100 n'ont pu citer que Léopold Ier ou Léopold II. Tels sont les effets insuffisants de la loi belge de 1842 sur l'instruction primaire. — En France, on devrait instituer des examens semblables dans les régiments et imposer l'examen électoral à tous les nouveaux électeurs.

seraient institués pour constater que l'instruction
civique et économique a été reçue [1].

[1]. Bluntschli, sans entrer dans ces détails, propose à l'État
pour modèle « la profonde habileté de l'Église », qui sait remplir les jeunes esprits de ses enseignements et qui consacre
en quelque sorte l'entrée du chrétien dans la vie par ce qu'elle
appelle la « confirmation ». Bluntschli voudrait, lui aussi,
une sorte de « confirmation et de consécration civique ». —
« Pour exercer les droits civiques, dit-il, il faudrait avoir
reçu l'éducation civique ou subi un examen correspondant.
Une fête nationale annuelle remémorerait au besoin cette consécration civique. Le sentiment de l'État grandirait ainsi dans
les esprits, et la capacité intellectuelle ou morale de l'électeur
serait mieux assurée. »

CHAPITRE II

L'INSTRUCTION SECONDAIRE DANS LA DÉMOCRATIE.
EXTENSION NÉCESSAIRE DES ÉTUDES PHILOSOPHIQUES,
ESTHÉTIQUES, MORALES ET ÉCONOMIQUES.

I. — Rappelons quel est le double écueil des démocraties : c'est l'excès d'utilitarisme et l'excès de réalisme scientifique. Le premier excès consiste dans la préoccupation exagérée de l'utile, aux dépens du beau ; le second, dans la préoccupation des vérités purement scientifiques et immédiatement applicables, aux dépens des hautes spéculations dont les résultats matériels échappent au premier regard. Ces deux excès compromettent également le progrès social ; ils arrêtent l'accroissement du capital social intellectuel. Les républiques anciennes connaissaient déjà et le mal et le remède : on devrait se souvenir de leur exemple. Le remède du réalisme industriel, c'est le culte désintéressé de l'art ; celui du réalisme scientifique, c'est principalement, selon nous, l'étude désintéressée de la philosophie morale, esthétique et sociale, qui doit dominer l'enseignement secondaire. *Musique* et *philosophie*, c'était le fond de l'éducation grecque. Musique, — c'est-à-dire tous les arts des Muses, non pas seulement de celles qui président au chant et à l'harmonie, mais encore de celles qui président à la poésie, à l'éloquence, à la danse, à la sculpture, au dessin et à la peinture : tous ces enchantements de l'esprit et des sens, nous arrachant aux besoins immédiats ou aux servitudes de la vie, sont vraiment par excellence des arts libéraux et libérateurs.

De même que notre littérature française s'est trop souvent bornée à une *imitation* des lettres antiques, de même notre enseignement secondaire se borne trop à cette imitation extérieure de l'art qu'on appelle l'*artifice*, et qui est parfois la négation même de l'art véritable. Artifice, cette fabrication de vers latins qui n'est la plupart du temps qu'un jeu de patience ou plutôt un labeur ingrat et tout matériel :

> Je vois chez quelques-uns, en ce genre d'escrime,
> Des rapports trop exacts avec un menuisier ;

artifice, ces thèmes latins et grecs où le dictionnaire fait la principale besogne ; artifice, ces discours latins où les idées et les expressions sont également fausses, où la rhétorique mérite plus que jamais le nom que Platon lui a donné : une *cuisine* destinée à tromper le palais et à remplacer ce qui nourrit par ce qui flatte. L'éducation prétendue *classique*, et en réalité scolastique, est le contraire même de l'art classique, spontané, national, original. Les enfants de la Grèce composaient-ils des vers et des discours en une langue qui ne se parlait plus? Langues mortes, idées mortes, sentiments morts, c'est la mort de l'art. Qu'on étudie les langues anciennes autant qu'il le faut pour comprendre et lire les chefs-d'œuvre de l'antiquité, rien de mieux; mais ce n'est là qu'une partie d'une éducation vraiment *artistique;* on y doit encore attribuer une large place non seulement à la littérature nationale, mais encore à ces « arts d'agrément » qui sont au fond des arts de nécessité, surtout dans les nations modernes : je veux parler des arts du dessin et de la musique. Il ne faut pas que, de nos jours, l'on se contente de plus en plus de la définition connue : l'homme est un animal qui fait des machines; il ne faut pas surtout que les méthodes sociales d'éducation, en supprimant toute initiative et toute inspiration originale sous prétexte d'imiter l'antiquité, changent l'homme lui-même en machine. L'imitation, a dit Schopenhauer, est comme un masque; or le plus beau des masques ne vaut pas un visage, car il est inanimé.

De même que l'amour de l'art, sous toutes ses formes, empêche l'invasion de l'utilitarisme industriel dans les états démocratiques, ainsi la science

14

générale et la philosophie sont le principal remède
à ce second mal que le fondateur même du positivisme, Auguste Comte, appelait le « particularisme
scientifique ». Par les progrès de l'analyse, disait-il,
la science aboutit à l'excès des « spécialités » ; chaque
savant se cantonne dans une étude particulière et
devient de plus en plus indifférent à toutes les autres. C'est « l'anarchie dans le domaine des sciences »,
et ce particularisme aboutit à « l'égoïsme pratique »,
qui finit par éteindre l'ardeur même pour la science [1].
La science, isolée de tout esprit philosophique, dit
à son tour Du Bois-Reymond, devient une limite,
une étroitesse pour l'esprit : elle l'habitue à n'es-
timer plus que ce qui relève de l'expérience et de
la mesure, elle émousse le sens de l'idéal. En outre,
elle a un tel souci de l'application, de l'industrie,
de la « technique », que dans son propre domaine
le désintéressement disparaît peu à peu. « Il faut
avouer, conclut-il, que même chez nous l'américanisme fait des progrès inquiétants [2]. » Et il part de là
pour exposer tout un plan de réformes scolaires,
intitulé : l'organisation prussienne des gymnases, en
lutte avec les progrès de l'américanisme. — Mêmes
réflexions chez Helmholtz, Virchow, Tyndall, Hux-
ley, Spencer. Tous comprennent que la pratique a
ses sources les plus élevées et les plus fécondes

1. Cours de philosophie positive, t. I, p. 426 et suivantes.
2. Culturgeschichte und Naturwissenchaft. Discours prononcé
à Cologne et publié par la Deutsche Rundschau, nov. 1877.

dans la spéculation, comme l'eau des puits artésiens ne jaillit dans la plaine que grâce à l'élévation des montagnes plus ou moins éloignées.

Au moins les études classiques ont encore quelque influence morale, mais l'étude des sciences, telle qu'on l'entend aujourd'hui, n'a ni l'un ni l'autre de ces avantages. Nos programmes actuels, que le conseil supérieur va heureusement réformer, sont surchargés d'études scientifiques et historiques : on a accablé la mémoire des élèves sans développer leur jugement et surtout sans élever leur caractère; le résultat a été si déplorable que les auteurs mêmes de la réforme semblent aujourd'hui en avoir honte. En vain M. Paul Bert déclare-t-il que l'étude des sciences est propre à former des citoyens, parce qu'elle familiarise l'esprit avec l'idée de *loi;* tout autres sont les lois de la nature et les lois des hommes : les premières n'aident guère à l'intelligence des secondes. Nos programmes, chargés de calculs, d'analyses, de classifications, ne peuvent même pas contribuer à l'élévation morale et intellectuelle des esprits. Ce qu'on devrait enseigner, outre les principes élémentaires et pratiques des sciences, comprenant ce qu'un lettré même ne peut ignorer, ce sont les principes les plus spéculatifs et les résultats les plus généraux des sciences, en un mot leur philosophie. A ce prix seulement, la science a une vertu éducatrice; à ce prix, elle élève l'esprit au lieu de meubler la mémoire; à ce prix, elle est libérale au lieu d'être servile et utilitaire. Telle qu'on l'enseigne aujourd'hui, elle ne sert qu'à préparer, pour un jour d'examen, des réponses qui, un mois après, seront la plupart oubliées.

Mais la science même, dira-t-on, n'est-elle pas la recherche de la verité, et cette recherche ne suppose-telle pas l'amour de la vérité, amour désintéressé, amour fait d'abnégation et parfois de sacrifices? — Oui, certes, et c'est un grand homme de science qui a dit que la vérité se donne à la patience des savants, à la simplicité, au dévouement tout autant qu'au génie. Les hautes idées ne s'épanouissent que dans une âme saine, « comme les fleurs des sommets ont besoin d'un air pur »; mais autre chose est la recherche du vrai, autre chose la vérité déjà découverte et passivement enseignée. Dans l'instruction scientifique, telle qu'elle existe chez nous, on ne présente aux jeunes gens que des résultats acquis, sans leur apprendre au prix de quels efforts ils ont été acquis : ce ne sont plus que des vérités en quelque sorte refroidies, des vérités sans vie, des formules sans âme. Ce qui serait moralisateur, ce serait l'histoire des sciences et des savants, mêlée à l'exposition des sciences; mais on préfère apprendre aux élèves cent théorèmes de plus, cent formules de plus, qu'ils s'empresseront d'oublier. Ainsi enseignée, ainsi séparée de sa philosophie et de son histoire, la science n'a plus ni vertu morale ni portée civique : elle abaisse souvent au lieu d'élever; elle fait des machines et non des hommes, encore bien moins des citoyens. Les sciences, selon l'heureuse expression de Tyndall, ne devraient pas constituer des *branches* de l'instruction, mais des *moyens* d'éducation; en d'autres termes, il ne s'agit pas de remplir la tête des jeunes gens, mais de leur apprendre à trouver par eux-mêmes, à penser, à raisonner, à observer. « Quand j'enseignais, dit Tyndall, je ne connaissais point du tout les règles de la pédagogie comme l'entendent les Allemands; avec mes élèves, je ne faisais que leur attacher des ailes. » Nos programmes scientifiques, en France, semblent au contraire avoir pour effet d'attacher du plomb aux esprits; en les lisant, on s'écrierait volontiers : « Des ailes ! »

De là la nécessité d'étendre, de compléter et de généraliser les études philosophiques, esthétiques, morales et sociales; il faut mettre les études se-condaires en harmonie avec ces trois termes essen-tiels de la question : le mouvement scientifique contemporain, le mouvement philosophique, enfin le mouvement politique et social.

Si l'essor rapide et le morcellement indéfini des sciences réclame, comme nous l'avons vu, l'intro-duction d'un esprit plus philosophique dans la science même, il exige aussi, d'autre part, un esprit plus scientifique dans la philosophie : celle-ci, encore trop scolastique et trop verbale, doit être

de plus en plus nourrie de faits et d'idées, de plus
en plus ramenée des abstractions à la réalité vivante [1]. En France, la philosophie fait partie inté-
grante de la culture générale, au lieu d'être une
sorte de spécialité, comme elle l'est trop souvent
en Allemagne et en Angleterre. Le peuple français, considéré en masse, est toujours resté philosophe comme au XVIIe siècle. C'est une qualité

1. Le mouvement philosophique contemporain a déjà commencé cette réforme, qui doit mettre l'enseignement en harmonie avec sa propre direction. On oublie trop que la philosophie, accusée d'immobilité par ceux qui l'ignorent, a fait et
fait encore chaque jour de grands progrès, non seulement en
Angleterre et en Allemagne, mais encore en France. Un ami
même et un admirateur de Victor Cousin, Ernest Bersot
reconnaissait « qu'un mouvement philosophique très intense
est né chez nous dans ces dernières années », qu'il a produit déjà « beaucoup d'œuvres remarquables », enfin que « la
philosophie actuelle est émancipée de la philosophie précédente ». L'empire, avec l'antipathie propre à tous les gouvernements autoritaires contre les « idéologues », avait supprimé l'agrégation de philosophie et changé les dernières
classes des lycées en simples classes de logique; sa chute a
immédiatement précipité le réveil de la philosophie, qui
s'annonçait déjà dans les dernières années du règne. Aux
thèses de doctorat presque toutes purement historiques, dont
Victor Cousin avait encouragé trop exclusivement la production, on a vu succéder depuis une quinzaine d'années toute
une série de thèses volumineuses sur les plus importants problèmes de la philosophie. Si l'on compare les travaux de toute
sorte sur la philosophie, — livres, thèses, mémoires, articles,
— qui paraissent en France, avec les publications du même
genre que produisent l'Angleterre et l'Allemagne, on reconnaîtra que la comparaison n'a rien d'humiliant pour notre
pays. L'Allemagne même, malgré l'abondance de ses produc-
tions, n'en est plus à ses beaux jours : ce ne sont pas les
paradoxes à scandale et les apocalypses métaphysiques de
Hartmann qui lui rendront la prééminence.

précieuse, absolument indispensable aux nations démocratiques, qu'il faut développer de plus en plus pour en retirer tous les fruits. La philosophie n'a jamais nui, non seulement aux sciences, mais à la littérature, et en particulier à celle de notre pays [1]. Revenir à la philosophie et, s'il est possible, à une philosophie bien entendue, ce sera revenir au véritable esprit national dans ce qu'il a de meilleur et dans ce qui a fait le plus pur de sa gloire.

Le mouvement politique contemporain nous fait aussi une impérieuse nécessité d'élargir les études philosophiques, morales et sociales. Les institutions qui nous régissent créent des besoins nouveaux, qui peuvent ne pas exister au même degré chez les nations voisines, mais qui deviennent de plus en plus urgents dans notre pays. Voulons-nous une démo-

---

1. Notre prose française, avec ses qualités d'analyse, de clarté et de précision abstraite dans les formes, de logique dans la construction grammaticale, d'ordre et de régularité dans la composition littéraire, est elle-même éminemment philosophique. Nos meilleurs prosateurs des derniers siècles furent encore des philosophes, comme Montaigne, Descartes, Pascal, Malebranche, Bossuet, Fénelon, Montesquieu, Voltaire, J.-J. Rousseau, Diderot, — sans compter les observateurs de l'âme humaine, les moralistes tels que Molière, La Rochefoucauld, La Bruyère, Massillon. Nos meilleurs écrivains actuels sont aussi des philosophes; les plus belles pages de nos poètes contemporains sont des inspirations philosophiques, comme *l'Espoir en Dieu, Rolla, les Nuits, les Contemplations, la Légende des siècles;* nos meilleures pièces de théâtre et nos meilleurs romans sont des pièces et des romans de philosophie morale ou de psychologie. C'est un goût traditionnel que celui du public français pour l'observation des mœurs et l'analyse des caractères.

cratie élevée et éclairée, qui sache se gouverner elle-même selon des principes stables et universellement reconnus, ou voulons-nous une démocratie abaissée et ignorante, livrée aux *politiciens*, aux socialistes de tout genre, aux vicissitudes d'une lutte aveugle entre les partis? Tout dépendra de notre instruction philosophique, morale et sociale. Cette instruction est surtout nécessaire pour les classes moyennes, qui, dans les démocraties, tirent de leur propre sein les classes dirigeantes et dirigent elles-mêmes à leur tour les classes populaires [1]. Aussi est-ce surtout à l'enseignement secondaire que les législateurs, les ministres, les conseils de l'Université doivent accorder leur attention : d'une meilleure instruction secondaire sortira naturellement le progrès de l'enseignement supérieur.

Le grand mal de notre pays, auquel une forte organisation des études morales et sociales pourrait apporter un remède, c'est la division des partis politiques, qu'entretient et accroît encore la division des croyances religieuses. Il est nécessaire, si nous voulons que la France vive, d'y reformer l'unité de l'esprit public, et on y arrivera encore mieux en prenant le mal à sa source, c'est-à-dire dans l'enseignement de la jeunesse, que par des mesures compressives. Chez les nations protestantes, cette

1. On trouvera, sur le rôle des classes moyennes et de la bourgeoisie, des réflexions judicieuses dans *la Réforme de l'enseignement public en France*, par M. Th. Ferneuil.

difficulté n'existe pas au même degré. Outre que les partis politiques n'y ont ni la même hostilité profonde, ni le même acharnement, la communauté d'une religion plus ou moins largement interprétée, mais toujours compatible avec l'esprit d'examen et par cela même avec le progrès, y rapproche les intelligences. Chez nous, nous voyons en présence les deux extrêmes, sans terme moyen : catholicisme ultramontain et complète incrédulité. Si cette situation a le mérite d'être plus franche et préférable à certains points de vue, elle ne laisse pas d'être inquiétante sous le rapport politique et social. Il y a réellement deux Frances dans la France, l'une avant tout romaine, l'autre avant tout française. Il serait fort injuste de méconnaître le patriotisme des catholiques, mais ces derniers avoueront eux-mêmes que leur patriotisme a presque exclusivement pour objet la France catholique, que les intérêts de leur foi, ceux du pape et de Rome, sont nécessairement au-dessus des intérêts purement français, car il vaut mieux obéir à Dieu qu'aux hommes, au représentant infaillible de Dieu qu'aux représentants très faillibles de la volonté nationale. On reconnaîtra aussi que, malgré de rares exceptions, les sympathies des catholiques n'ont jamais été pour les institutions républicaines, qui ne sont pas toujours facilement conciliables avec le *Syllabus*. Enfin, un catholique qui soutiendrait que sa religion a besoin de faire des progrès et de

s'adapter aux nécessités de la vie moderne serait
lui-même voué par les conciles à la formule sacra-
mentale : *Anathema sit*. Que les écoles du gouvernement, les grandes administrations, la magistra-
ture, le professorat, l'armée elle-même soient de
plus en plus envahis par des jeunes gens imbus de
ces doctrines, et la division intime des esprits ira
croissant jusqu'à ce qu'éclate une lutte ouverte. Ou
nos institutions ne résisteront pas à ce travail sou-
terrain qui les mine, ou elles n'y résisteront que
par des mesures violentes qu'il serait sage de prévenir. Plus le gouvernement laisse de droits ou,
pour mieux dire, de privilèges à ses adversaires,
plus il s'impose à lui-même de devoirs. Or, ce qui
manque à beaucoup d'élèves des écoles du gouvernement, à la plupart de ceux qui se destinent aux
sciences et à l'industrie, c'est une instruction vraiment *civique*, morale et sociale, que les professeurs
de philosophie peuvent seuls donner. Dans l'Université même, on n'apprend pas assez de philosophie
aux élèves qui préparent leur baccalauréat ès sciences. Quant aux élèves des congrégations, on devine
à quelle dose et sous quelle forme la philosophie
leur est dispensée. Ces élèves n'en ont pas pour
cela moins de chances de succès dans des examens
où la géométrie et l'algèbre ont presque seules voix
au chapitre; pour mieux réussir, les congrégations
instruisent les élèves comme les oiseaux en cage,
en les serinant. Si les programmes d'examen sont

pour les familles une garantie nécessaire de l'impartialité des juges et de l'égalité des candidats devant leur jugement, ils ne sont pas pour l'État une garantie suffisante d'une instruction sérieuse et dirigée conformément à ses propres principes; car des éducateurs sans conscience peuvent facilement changer les examens, surtout ceux du baccalauréat, en une simple affaire de mémoire et de préparation hâtive, où le fond sera sacrifié à l'apparence, l'instruction tout entière aux programmes, l'arbre au fruit ou à la fleur. On sait ce qu'il faut penser de tous ces établissements appelés par les élèves eux-mêmes, dans l'argot des écoliers, des « boutiques ». L'État délivre les diplômes d'avocat, de médecin, de professeur, d'ingénieur; il a sous sa direction l'École normale, l'École polytechnique, l'École de Saint-Cyr, qui sont appelées à exercer une influence salutaire ou nuisible sur les destinées de la nation entière. Comment donc ne réclamerait-il pas, pour des carrières demandant des aptitudes spéciales et une garantie spéciale du gouvernement, les preuves d'une instruction régulière et conforme à l'esprit national? Aussi est-il juste d'exiger des candidats aux écoles du gouvernement, aux écoles de médecine et aux écoles de droit, deux années de présence effective aux cours des lycées, en rhétorique et en philosophie. On exige déjà, avec raison, un certificat d'études pour les candidats à l'École normale, pourquoi ne pas étendre la même règle aux autres écoles?

C'est le minimum de garanties que l'État a le droit de demander aux élèves qui sollicitent ses places ou ses diplômes spéciaux. C'est aussi un moyen parfaitement légal et légitime de contrebalancer l'influence anticivique de certains systèmes d'enseignement, où on prend pour but d'envahir peu à peu les carrières libérales par une simple course au clocher, au détriment de l'instruction lente et sérieuse.

L'Université est fondée tout exprès pour maintenir le niveau intellectuel des études et l'esprit civique des élèves : elle s'est, jusqu'ici, heureusement acquittée de cette tâche; si on veut qu'elle la continue malgré des concurrences sérieuses, qu'on lui permette en échange de se montrer sévère non seulement pour la collation des grades, mais encore pour les conditions préalables d'admission à certains examens spéciaux. Dans la discussion du sénat relative aux collèges des jésuites, M. Jules Simon a cité et approuvé le mot de Henri IV : « Faites mieux qu'eux, et vous aurez plus d'élèves. » A nos yeux, c'est exactement le contraire de la vérité. Un ancien ministre de l'instruction publique avait parfaitement réfuté d'avance cette théorie dans la page suivante : « On dit que la concurrence est une bonne chose, qu'elle est un aiguillon pour chacun des concurrents, qu'elle les oblige à mieux faire. Cela n'est pas aussi certain qu'on veut bien le dire, surtout en matière d'enseignement; cela est absolument faux en matière de préparation; car on ne lutte pas à qui fera le meilleur élève, mais à qui fera recevoir le plus de candidats, à l'aide d'une opération que les Anglais appellent *cramming* et que j'appelle le *bourrage*. Il se passe à Brest en ce moment quelque chose d'assez curieux... Vis-à-vis du collège, à quinze mètres de distance, en bordure sur la rue principale, les jésuites ont fondé un collège rival. Ils entendront le tambour annoncer tous nos exercices comme nous entendrons la cloche annoncer tous les leurs. Que vont-ils faire là? De la science? On ne choisit pas Brest pour faire de la science. Ils vont faire de la préparation et ils la feront avec succès, sacrifiant tout au désir d'avoir beaucoup d'élèves reçus et de disputer à l'Université le corps des officiers de marine... Ce n'est plus la science qu'on apprend, c'est la façon de répondre à telle personne. Cet exercice est pénible, il est long, il ne profite pas à l'esprit, je vais même jusqu'à croire qu'il lui est nuisible; mais il est infaillible ou à peu près; il ne demande qu'un bon préparateur, de la ténacité et du temps. Tout le monde est au courant de cette situation. On va donc à l'établissement qui fait recevoir beaucoup d'élèves. On commence l'étude du programme de bonne heure et on se présente avant d'être tout à fait prêt, pour s'accoutumer à l'examen. Avec cette triple recette, si l'on n'est pas décidément stupide, si on ne tombe pas malade, et si on ne joue pas de malheur, on est à peu près sûr d'entrer à l'École polytechnique...

Dans ces conditions, la concurrence ne tourne pas précisément au profit de la science. » Qui a si pertinemment répondu d'avance à M. Jules Simon? — C'est M. Jules Simon lui-même. Nous ne dirons donc pas : — Si vous ne tenez qu'au nombre des élèves, faites mieux que vos concurrents; nous dirons : Faites pis, rabaissez davantage encore le niveau de l'enseignement, réduisez-le à un pur mécanisme ; comme les bonzes de Chine ont inventé des moulins à prières, inventez des moulins à équations et faites que, le jour venu, vos élèves puissent répondre à tout sans savoir rien à fond, vous aurez alors de la clientèle. De même dans l'art : ravalez la peinture, la musique, subventionnez l'Opéra pour jouer *la Fille de Mme Angot*, *Orphée aux enfers*, *la Belle Hélène*, exhibez le plus de danseuses possible, aussi peu vêtues que possible, — vous ferez salle comble. En médecine, débitez de l'orviétan, des recettes et des remèdes secrets pour guérir tous les maux; en morale, professez la science des *distinguo*, des restrictions mentales, l'art de nier tout « cas niable », de tromper, de dérober, de calomnier en « sûreté de conscience »; enseignez la « botanique du péché » avec la manière de s'en servir; en religion enfin, vendez à bon marché absolutions, messes et indulgences, mettez le paradis au rabais, montrez l'art d'arriver au ciel tout en faisant le long du chemin l'école buissonnière, en un mot préparez vos disciples, *fortiter et suaviter*, par les procédés les plus expéditifs et les plus agréables au grand examen du jugement dernier, — vous ferez fortune, alors même que vous auriez fait vœu de pauvreté. Plus un gouvernement est démocratique, plus il a le devoir de lutter contre cet abaissement intellectuel dans tout ce qui dépend de sa juridiction propre, et de maintenir haut les principes de morale et de droit public sur lesquels il repose par la volonté générale [1]. Quand, avec un mince bagage d'idées et un lourd poids d'x et d'y, certains jeunes hommes entrent à l'École de Saint-Cyr ou à l'École polytechnique, ils sauront peut-être résoudre une équation ou un problème de physique : je veux même croire qu'ils feront d'excellents officiers ou d'excellents ingénieurs, qu'ils deviendront de bons instruments de précision pour la guerre ou l'industrie; quant à ce qui fait l'homme et le citoyen, ce sera à la grâce de Dieu. Faut-il s'étonner de voir déjà, dans les écoles du gouvernement, les élèves se partager en deux camps selon leurs croyances et préluder ainsi aux hostilités à venir? Il serait pourtant désirable que la bifurcation n'existât pas dans les esprits comme dans les études et n'envahît

1. Si on prétend qu'un certificat d'études exigé par l'État serait un obstacle à la « libre concurrence », nous répondrons encore par une excellente observation de M. Jules Simon : « L'État n'est le concurrent de personne; il est la puissance publique, fondée sur la volonté nationale. Il peut y avoir des corporations dans l'État avec la permission et sous l'autorité de l'État ; mais ces corporations n'entrent pas en lutte avec lui; elles ne lui font pas *concurrence*. Il ne peut se proposer,

point la France entière. Si on exigeait d'abord pour
l'entrée aux écoles, puis pendant le séjour aux
écoles, de fortes études de philosophie morale, sociale et politique, les élèves auraient beau arriver
en droite ligne des officines mêmes de la compagnie
de Jésus, ils seraient forcés de faire enfin connaissance avec les idées modernes : mieux vaut tard
que jamais. Ils subiraient l'influence d'une philosophie libérale; ils seraient initiés à une morale vraiment civique, à une connaissance raisonnée des
principes de notre droit et de notre gouvernement.
Ce serait l'article 7 remplacé par une mesure toute
pacifique, qui obligerait nos adversaires eux-mêmes
à entrer bon gré mal gré dans le mouvement général. De plus, que, dans les écoles du gouvernement,
près des professeurs d'histoire et de littérature, un
professeur de philosophie morale et sociale, choisi
parmi les plus éminents, enseigne les principes et
les devoirs de la morale humaine, les conditions

étant la puissance commune, que l'intérêt commun, et l'idée
de concurrence est tout à fait étrangère aux établissements qui
ont pour but l'intérêt commun et non quelque intérêt particulier. » (*Réforme de l'enseignement*, p. 55.) D'où nous concluons
que le prétendu droit de concurrence des établissements libres
à l'égard de l'État n'est point absolu et doit être renfermé dans
de certaines limites, quand il s'agit de préparer aux fonctions
mêmes de l'État. « L'État, a-t-on dit, impose une certaine
quantité d'instruction pour garantir la liberté et l'égalité du
vote de tous les citoyens; l'État distribue dans les écoles
publiques une certaine *qualité* d'instruction pour assurer le
maintien de la constitution, qui est, dans tous les pays libres, la
sauvegarde des libertés publiques. » (Th. Ferneuil, *ibid.*, p. 31.)

nécessaires de la vie en société, les lois des contrats, le fondement du droit naturel, les préceptes
de la liberté et de l'égalité, les bases rationnelles
de notre droit civil établies en dehors de toute
croyance particulière, les bases également humaines
de la pénalité sociale, le sens philosophique des
principes de 89, la relation qui existe entre ces
principes et nos institutions politiques, le mécanisme de notre gouvernement, les éléments essentiels de notre droit constitutionnel et administratif,
en un mot, tout ce qui est nécessaire à un citoyen
pour comprendre et pratiquer les obligations de la
vie civique, — peut-être alors certains officiers ou
certains ingénieurs seront-ils plus tolérants pour
la société moderne. Leurs croyances ne perdront
rien à être plus éclairées ; ce qui y gagnera, c'est
leur patriotisme.

II. — D'après les principes généraux que nous
venons d'établir, examinons plus en détail l'instruction secondaire. Le système actuel des études, qui
réserve entièrement toute étude philosophique pour
la dernière classe des lycées, offre un vice capital et
une évidente inconséquence : on trouve tout naturel
de développer de bonne heure l'esprit littéraire, l'esprit scientifique et l'esprit historique, en enseignant
chaque année aux jeunes gens de la littérature, des
sciences et de l'histoire ; mais on s'imagine qu'il
faut attendre la dernière année de leurs études

15

pour leur inculquer tout à coup, par un changement à vue, l'esprit philosophique. Philosophie,
disait Rabelais, c'est un « nouveau monde »; on y
jette sans préparation des esprits qui n'ont vécu
jusque là que de récits, de fables, d'idées non raisonnées et de sentiments vagues. S'il est flatteur
pour la science de l'homme et de la société d'être le
couronnement des études, il serait encore plus flatteur et surtout plus utile qu'elle fût parmi les bases
mêmes de l'édifice. Les professeurs de sciences et
les professeurs d'histoire vont, dans diverses classes,
donner leur enseignement plus ou moins élémentaire à des esprits de différents âges; pourquoi le
professeur de philosophie, aidé d'un second professeur, ne ferait-il pas ce que font ses collègues des
sciences et de l'histoire, ce qu'il fait lui-même dans
l'enseignement spécial, où il professe la morale à
certains jours? Pourquoi ne donnerait-il pas, en
troisième, en seconde et en rhétorique, des leçons
élémentaires sur les parties de la philosophie les
plus propres à développer, comme on dit, « l'esprit
et le cœur » de la jeunesse, telles que la morale,
l'esthétique, l'instruction civique? Ces leçons n'exi-
geraient qu'une heure ou deux par semaine dans
chaque classe. Cette extension de l'enseignement
philosophique et social aux classes d'humanités permettrait de réserver pour la dernière année l'étude
approfondie et féconde des plus hautes questions,
avec des jeunes gens déjà préparés à ces études et

déjà imbus d'un certain esprit philosophique. Elle entraînerait par cela même une modification correspondante des programmes, sur laquelle nous devons nous étendre.

Les programmes ont une importance sociale et politique plus grande qu'on ne l'imagine, surtout dans une démocratie où l'instruction est centralisée par l'Université, où les études ont pour sanction des examens et où ces examens ouvrent l'accès d'une foule de carrières. Les programmes résument le fonds social de connaissances mis à la disposition des membres d'une société. On prétend qu'une question bien posée est à moitié résolue; or, que sont les programmes, sinon des positions de problèmes ? Avec le progrès des sciences changent et les problèmes et les manières de les poser, si bien qu'aujourd'hui certaines questions qui passionnaient nos pères nous paraîtraient inintelligibles ou risibles. « Montre-moi tes programmes, et je te dirai qui tu es. » On pourrait reconstruire toute une société d'après ses programmes d'instruction, encore mieux qu'un animal fossile d'après une dent ou un os. Vous me présentez, par exemple, ce questionnaire fort mélangé et traduit du latin : « Quelle différence y a-t-il entre la quiddité et l'eccéité? Qu'est-ce que la forme substantielle? Où était Dieu avant la création? L'Esprit-Saint procède-t-il à la fois du Père et du Fils, ou seulement du Père? Quelle était la taille d'Adam à son apparition sur la terre? Adam, qui

n'était pas né d'une femme, avait-il un nombril?
Dieu aurait-il pu devenir une femme aussi bien
qu'il a pu s'incarner dans un homme? La souris qui
mange l'hostie consacrée mange-t-elle le corps du
Seigneur? Quelles sont les douze chambres du
zodiaque et leur influence sur la destinée? Qu'est-
ce que le thème céleste de nativité? Qu'est-ce que
la métallité et la quintessence de la métallité? Comment les démons pénètrent-ils dans les hommes?
Quelles sont les diverses voies par où ils en sortent?... » Assez. Je comprends : nous sommes en
plein moyen âge, vers le xIIᵉ siècle, au beau
royaume de la quintessence et de l'entéléchie, où,
comme dit Rabelais, on s'exerce à faire la chasse au
vent avec des filets, à labourer et ensemencer le
sable, à tirer le lait dans des cribles, et où des sen-
tinelles sont occupées sur des tours à garder la
lune contre les loups; votre programme est em-
prunté au *Livre des sentences* de Pierre le Lom-
bard, qui fut le grand *manuel* de cette époque. Il
est vrai que ce programme se retrouverait presque
tout entier en plein xIXᵉ siècle, dans les cours des
séminaires, — embelli de beaucoup d'autres questions qu'on ne peut même pas traduire en français.
D'où il faut conclure qu'il n'est pas impossible à
quelques-uns de vivre à la fois dans le xIIᵉ siècle et
dans le xIXᵉ. — Voici maintenant des fragments
d'un autre programme : « Production de l'électri-
cité par le frottement ; électroscope, électrophore...

Spectre solaire... Analyse spectrale... Préparation de l'acide azotique... acide sulfureux, acide sulfurique... Notions sur les terrains de sédiments anciens ou primaires, sur les terrains secondaires, tertiaires et quaternaires. » — Cette fois il n'y a plus d'hésitation possible : nous sommes, ou approchant, en l'an de grâce 1884. Nos programmes actuels de philosophie sont sans doute, comme les autres, en progrès, — moins cependant que les autres, et il y subsiste encore plus d'un souvenir de la scolastique : on n'y parle plus de la « quintessence », on y parle encore trop de la « substance ». Mais avant d'en venir à ces programmes, cherchons d'abord les questions nouvelles à introduire dans ce qu'on nomme les classes d'humanités et même dans celles de grammaire.

La première réforme que nous proposons est bien simple. Il existe déjà un programme de morale, assez étendu, que les professeurs de philosophie ont charge de développer devant les élèves de l'enseignement spécial. Nous demandons que les élèves de l'enseignement classique ne soient pas jugés incapables de recevoir le même enseignement moral que leurs camarades du même âge. Si on les jugeait impropres à comprendre ce que ceux-ci comprennent, ce ne serait pas l'éloge du latin et du grec, que l'on nous représente pourtant comme le *Sésame, ouvre-toi* des intelligences.

Le programme dont nous parlons pourrait être

adopté, avec les modifications nécessaires, dans la classe de quatrième pour les éléments de la morale privée, et dans la classe de seconde pour les éléments de la morale civique. Il serait enseigné par un professeur de philosophie morale et sociale, et demanderait une leçon par semaine. Il n'est pas seulement utile, dans une démocratie, il est nécessaire de faire comprendre de bonne heure aux enfants les fondements rationnels du devoir. Si on ne le fait pas, il arrive de deux choses l'une : ou l'enfant est livré tout entier aux représentants de la foi religieuse, qui lui persuadent qu'il n'y a aucune honnêteté, aucune morale possible en dehors de telle ou telle croyance particulière, et il acquiert ainsi un fâcheux esprit d'intolérance ; ou, au contraire, il est entraîné de bonne heure par l'exemple même de ses camarades, quelquefois de ses parents, à une sorte d'incrédulité, et alors il est à craindre qu'il ne confonde dans un scepticisme précoce le dogme et la morale. Quand on s'habitue à identifier ces deux choses, on arrive trop souvent à rejeter les deux à la fois et à justifier aussi le double sens du mot libertinage, qui désigne d'abord la liberté de l'esprit et finit par désigner celle des mœurs. Un enseignement moral bien dirigé préviendrait à la fois les deux grands maux de la société, principalement en France : fanatisme et scepticisme. On reproche à nos démocraties modernes, surtout dans les internats, de donner plutôt ses soins à l'instruction qu'à l'éducation : il y a du vrai dans ce reproche. Les élèves trouveraient autant de profit que d'intérêt à entendre des leçons de morale faites par un professeur de philosophie, — leçons à la fois scientifiques et chaleureuses, en harmonie avec nos sentiments modernes, et d'autant plus persuasives qu'elles seraient plus laïques. Nous nous souvenons avec quel respect nous avons toujours vu accueillir, quand il entrait par extraordinaire dans une classe d'enfants, ce professeur de philosophie dont les élèves habituels sont ceux que les autres appellent par excellence les « grands », c'est-à-dire les futurs bacheliers, les futurs candidats aux écoles. Le professeur de la plus haute classe fait nécessairement l'effet d'un général dans l'ordre militaire. Cette sorte de « prestige » qui appartient auprès de notre jeunesse universitaire à la philosophie et à ses représentants, pourquoi ne pas l'utiliser pour répandre de bonne heure une véritable doctrine morale et sociale, surtout dans un pays et sous un régime où les doctrines religieuses sont si évidemment insuffisantes? La philosophie est la religion publique des démocraties, et nous avouons que nous n'aurions pas grande confiance dans l'avenir d'une république sans philosophie. Si prêtre et roi vont bien ensemble, toujours aussi on a rapproché ces deux titres : philosophe et citoyen.

On nous dira que l'étude des lettres a déjà par elle-même une vertu moralisatrice et constitue ainsi

pour la jeunesse un capital moral. — Sans doute, et
nous l'avons montré nous-même tout à l'heure ; mais
l'étude des lettres n'aboutit qu'à des notions de morale confuses, principalement pour ce qui concerne
les exigences de la vie en société. Quant à l'étude des
sciences, nous avons reconnu qu'elle n'exerce guère
d'influence sur le cœur : si elle est la base de l'*instruction* proprement dite, elle est peu de chose dans
l'*éducation*. Il y a longtemps que Socrate disait, dans
la démocratie athénienne : « Qui sait si toutes les
sciences, sans la science du bien, ne seraient pas plus
nuisibles qu'utiles ? » — « Les sciences ont besoin,
répétait Platon, d'une science maîtresse qui mette en
usage les vérités découvertes par elles et fasse servir
la vue du vrai à la réalisation de l'utile et du bon. »
— « La science des choses extérieures, écrivait à
son tour Pascal, ne me consolera pas de l'ignorance
de la morale en temps d'affliction ; mais la science
des mœurs me consolera toujours de l'ignorance des
choses extérieures. » L'instinct et le sentiment ne
suffisent plus pour guider sûrement les volontés,
surtout dans les sociétés modernes, surtout dans les
relations de la vie civile et politique : un être rai-
sonnable a besoin de connaître les raisons de ses
devoirs et de ses droits. Aussi ne craindrons-nous
pas de le dire, si l'étude de la physique, de la
chimie, de l'histoire et des autres sciences spéciales
peut demeurer facultative, l'étude de la science
morale et sociale, dès qu'elle est possible, devient

moralement obligatoire. Puisque l'État surveille l'éducation et se fait lui-même éducateur, comme c'est son droit, il accepte par là même la tâche d'initier les enfants de bonne heure à la vie humaine et civique, à ce qu'on appelle fort justement les « devoirs de l'homme et du citoyen ». Pour mettre, dans l'instruction secondaire, ce fonds moral et cet enseignement à la portée des jeunes intelligences, il n'est pas besoin d'en bannir la rigueur scientifique, l'ordre et la méthode, qui peuvent au contraire le rendre plus facile à saisir et à retenir; il faut seulement éviter l'abstraction et placer toujours un exemple à côté du précepte. On emprunterait de préférence les exemples à l'histoire. On ferait lire aux élèves les principales pages des moralistes anciens, en leur faisant remarquer tout ensemble les analogies et les différences entre les idées anciennes et nos idées modernes. On ferait parler successivement Platon, Xénophon, Aristote, Épictète, Marc-Aurèle, Plutarque, Cicéron, Sénèque : les élèves recevraient tout ensemble une leçon d'histoire, une leçon de goût, une leçon de conduite dans la vie privée et civique. Ces études de mœurs et de style auraient pour le moins autant d'intérêt et plus d'utilité que l'analyse grammaticale, le thème grec ou les vers latins. Elles feraient comprendre aux enfants, avec les formes successives de la société depuis l'antiquité jusqu'à nos jours, le progrès correspondant des sentiments moraux ou sociaux et

les exigences croissantes de la vie civique. On se
plaint que les jeunes gens, quand on leur donne à
traiter un sujet qui exige autre chose que des mots
ou des phrases creuses, n'ont point d'idées : comment en auraient-ils si on ne leur en fournit pas ?
La philosophie morale et sociale est l'âme de la littérature : si vous voulez que les jeunes gens aient
du « fond », initiez-les de bonne heure à cette étude
essentielle. .

Les démocraties antiques ne séparaient point le
bien du beau ni du vrai : la morale tient de près à
l'esthétique et à la logique largement entendue. A la
philosophie des mœurs nous voudrions donc voir
succéder, dans les classes de seconde et de rhétorique, où les études littéraires et scientifiques prennent
une importance croissante, les éléments de la philosophie de l'art et ceux de la philosophie des sciences.
Les cours de littérature pure faits aux élèves selon
les anciennes méthodes manquent forcément d'élévation : on s'y perd souvent dans des détails sans
intérêt sur les différents *genres* littéraires, sur leurs
règles plus ou moins conventionnelles, sur les figures
de pensée ou de style, et autres doctes futilités. Ils
sont de plus incomplets parce qu'ils roulent exclusivement sur la littérature sans se préoccuper des
autres arts; enfin, ils sont en réalité cent fois plus
abstraits, plus techniques et plus ingrats que ne le
sont les études philosophiques et historiques relatives au beau et aux beaux-arts. Aussi tend-on de

plus en plus, dans l'Université, à remplacer la littérature dogmatique par l'histoire de la littérature. Mais cette histoire n'est pas assez pour développer et éclairer le sens du beau sous toutes ses formes. La critique de littérature et d'art a elle-même besoin de principes. Dès qu'elle ne se borne pas, selon la méthode des jésuites, à de simples remarques sur « l'élégance » d'une expression, *lactea ubertas*, sur « l'harmonie imitative » d'un vers, *procumbit humi bos*, sur la propriété d'une épithète, *obscuri sola sub nocte*, elle est obligée de remonter à ces hautes questions : — Quels sont les caractères généraux de la beauté, du sublime, du risible, de la grâce? Qu'est-ce que l'art? Est-ce une simple imitation de la réalité? Est-ce une recherche de l'idéal? Qu'est-ce que le réalisme et l'idéalisme dans l'art? Quelle est la part de vérité qui appartient à ces deux tendances? Qu'est-ce que l'invention artistique, le génie, le goût? Qu'est-ce que l'expression dans l'art? Quels sont les différents moyens d'expression dont l'homme dispose? Quels sont les différents arts, leurs caractères, leurs procédés essentiels, leur puissance propre, leurs diverses formes? Qu'est-ce que le style dans les différents arts? Quelles sont les sources de l'art? etc. Voilà les questions dont le jeune homme entendra parler un jour. Se figure-t-on un écolier mettant alors à profit les leçons de son maître de belles-lettres, s'extasiant comme lui devant le *procumbit humi bos* ou le *quadrupedante putrem sonitu quatit*, jugeant nos poètes contemporains d'après leurs synecdoches, leurs métonymies et leurs hypotyposes, nos romanciers d'après ces règles classiques qui eussent comblé d'aise M. de la Palisse : « Que la narration soit claire, vraisemblable, intéressante, — et pas trop longue! » Montrera-t-il aussi, à propos des séances du sénat ou de la chambre, qu'il sait distinguer le genre délibératif du genre démonstratif et du genre judiciaire, qu'il apprécie le style simple de celui-ci ou le style tempéré de celui-là, sans oublier l'art avec lequel tel ou tel orateur se sert des « lieux communs » intrinsèques et surtout extrinsèques. Ce collégien fidèle aux traditions du vieil enseignement ferait dans le monde un personnage de comédie accompli, un Thomas Diafoirus dont se serait moqué lui-même le soutien de nos études classiques, le défenseur et le sauveur du vers latin, l'évêque d'Orléans. Heureuse méthode d'enseignement et de critique, que le premier soin des jeunes gens sortis du collège doit être d'oublier, avec mille autres choses dont on a chargé leur mémoire! En revanche, ce rhétoricien modèle ne pourra plus souffler mot dès qu'on parlera de peinture, de sculpture, d'architecture, de musique. Il semble, à voir notre instruction secondaire, que l'art tout entier consiste dans les belles-lettres et dans la rhétorique, qu'il n'a existé ni des Phidias, des Praxitèle, des Michel-Ange, ni des Raphaël, des Léonard de Vinci, des

Titien, ni des Mozart et des Beethoven. Rien ne ra-
petisse plus l'esprit que cette préoccupation exclusive des littératures mortes, réduites elles-mêmes
trop souvent à de la pure grammaire. Quant à la rhétorique proprement dite, nous ne craignons pas de
soutenir avec les Socrate, les Platon et les Aristote,
qu'elle est la plaie de toute société en général et de
toute démocratie en particulier. Quand l'éloquence
politique tombe aux mains des rhéteurs, il est difficile d'espérer un examen sérieux des questions, je
ne dis pas seulement dans les clubs ou les réunions
publiques, mais même dans le parlement. On s'habitue à juger une cause non d'après sa vérité, mais
d'après l'éloquence de ses défenseurs; les mots et
les phrases prennent la place des idées. « Attachez-
vous aux mots, comme dit Méphistophélès, c'est le
moyen le plus sûr. Si le sens vient à manquer, le
mot y supplée merveilleusement. Avec des mots on
soutient toute une discussion. » La rhétorique pouvait être inoffensive dans une société monarchique,
où toute l'éloquence consistait à débiter des compli-
ments, comme le célèbre discours du recteur de
l'Université à Louis XIII : « Sire, ce cierge que
nous venons offrir à Votre Majesté n'est pas pour
porter vers vous la lumière, mais pour la recevoir de
vous, qui, l'unique et très agréable soleil de la France,
éclairez de vos rayons les parties les plus éloignées
de l'univers, etc. » Mais, dans une démocratie, la
rhétorique devient un véritable danger. Les autres

nations nous reprochent, parfois avec quelque raison, d'être un peuple d'avocats, de rhéteurs, de prédicateurs et de démagogues : la faute en est aux traditions du vieil enseignement. Non seulement ce genre d'enseignement n'apprend pas la morale aux enfants, mais encore il les démoralise par la rhétorique, et nous récoltons ensuite dans la vie publique ce que les partisans des vieilles méthodes ont semé au collège. Si encore le véritable goût du beau en profitait! mais la déclamation et l'amplification sont au contraire les plus sûrs moyens de pervertir le goût littéraire comme le sens moral et politique. Les mêmes élèves qui viennent de faire parler César ou Brutus, *ad libitum*, seront incapables d'écrire une lettre; et quand ils entreront en philosophie, beaucoup ne sauront pas, dans une composition sérieuse, mettre en ordre deux idées ou deux arguments : il faudra tout leur apprendre en tâchant de leur faire oublier tout ce qu'ils ont appris.

Selon nous, la rhétorique ne doit être qu'une application particulière et très secondaire de l'esthétique, de la logique et des sciences morales. Dès lors, ce qu'il importe de faire connaître aux enfants des démocraties, si on veut qu'ils sachent parler et écrire par le seul moyen honnête, — savoir penser, — c'est l'esthétique et la logique. Après quelques considérations générales sur le beau et ses diverses formes, sur le génie et le goût, sur l'art et sur la part de l'idéal et du réel dans l'art, sur les rapports

de l'art avec la morale et la science, le programme
de seconde comprendrait, avec une leçon par semaine, des notions élémentaires sur la théorie et
l'histoire de l'architecture, de la sculpture, de la
peinture, de la musique, de la poésie lyrique. La
poésie épique, la poésie dramatique, l'éloquence et
les autres genres littéraires seraient réservés pour
la classe de rhétorique ; les hautes spéculations sur
l'essence de l'art et de la beauté, pour la classe de
philosophie. Cet enseignement serait moins dogmatique que critique et historique : il serait surtout,
comme disait Pestalozzi, *intuitif*, c'est-à-dire sans
cesse appuyé sur des exemples parlant aux sens et
à l'esprit. On étudierait le beau sur le vif et non
dans l'abstrait : on appliquerait à l'esthétique l'excellente méthode des *leçons de choses*, si féconde
dans l'enseignement primaire, si négligée dans l'enseignement secondaire, qui, sur ce point comme sur
beaucoup d'autres, est encore arriéré et inférieur.
Plusieurs professeurs ont déjà demandé avec beaucoup de raison qu'il y eût dans les lycées un mobilier scolaire analogue à ceux des écoles [1]. Peut-on
faire un cours de physique ou de chimie sans instruments et sans expériences ? Non. De même, pour les
lettres et les arts, il ne suffit pas d'avoir des biblio-
thèques : il faut encore des gravures représentant
les principaux chefs-d'œuvre de l'art, des vues ou

---

1. Par exemple M. Émile Boirac.

des photographies des principales villes historiques, comme Athènes, Rome, Florence, des plâtres reproduisant les modèles de la sculpture, des réductions des édifices célèbres, des spécimens de colonnes, de fûts, de frontons, d'ogives, etc. Tout l'enseignement, en général, devrait faire *voir* les choses dont il parle, surtout l'enseignement de l'histoire et de l'esthétique. Par là encore nous reviendrions à la véritable méthode classique, qui voulait que l'enfant des anciennes démocraties fût entouré des chefs-d'œuvre de l'art, élevé dans la familiarité avec le beau, afin de devenir, selon le mot de Platon, « semblable à l'objet de sa contemplation » [1]. En outre, une telle méthode chasserait de nos classes cet ennemi invisible et présent qui siège à côté du professeur, comme Luther croyait que le diable siégeait parfois dans sa chaire pour empêcher ses auditeurs d'écouter : je veux parler de l'ennui. Quand on aurait montré aux élèves l'Acropole, le Parthénon, le Forum, le Colisée, l'arc de Trajan, croit-on qu'ils ne s'intéresseraient pas aux faits dont ces monuments furent les témoins et aux arts qui florissaient alors? Les vers de Sophocle et de Virgile, les récits de Thucydide ou de Tacite ne prendraient-ils

1. « Il faut que nos jeunes gens, élevés au milieu des plus beaux ouvrages, comme dans un air pur et sain, en reçoivent sans cesse de salutaires impressions par les yeux et les oreilles, et que dès l'enfance tout les porte insensiblement à imiter, à aimer le beau et à établir entre lui et eux un parfait accord. » (Platon, *République*, III.)

pas un sens, au lieu de rester lettre morte pour la plupart des élèves? Toutes les fois qu'un professeur, sous le régime actuel, hasarde une excursion de ce genre dans la philosophie de l'art et dans son histoire, on voit les plus paresseux prêter l'oreille à ce qu'on leur dit, regarder avec intérêt ce qu'on leur montre : nous en parlons par expérience, et nous nous souvenons que, si par hasard au milieu d'une leçon de ce genre quelque écolier espiègle voulait détourner l'attention, c'étaient ses camarades eux-mêmes qui le rappelaient aussitôt à l'ordre. Il suffisait d'ailleurs au maître de proférer cette menace : « Revenons au *Conciones* » pour qu'un *tolle* s'élevât contre le perturbateur de l'attention générale. Car, telles qu'on les enseigne dans les établissements demeurés fidèles aux traditions des derniers siècles, les langues et les littératures anciennes sont le *pensum* à l'état chronique. Condamner les élèves aux vers latins et au thème grec, serait le supplice le plus propre à leur faire prendre en horreur ce qu'on prétend leur faire aimer. Faites au contraire passer sous leurs yeux un certain nombre d'objets et de chefs-d'œuvre, en les commentant, en expliquant leurs mérites ou leurs défauts, les élèves apprendront quelque chose, même malgré eux, et surtout ils retiendront ce qu'ils auront appris. La mémoire des mots et des formules est fugitive ; la mémoire des formes et des sentiments est tenace. Non seulement tout livre

16

d'esthétique, mais tout livre d'histoire, toute édition des classiques devrait être illustrée de nombreuses gravures représentant avec exactitude les hommes, les choses, les villes, les monuments, les œuvres d'art, les costumes, les armes, les instruments usuels, etc. Que dirions-nous d'un traité de physique ou de géométrie sans figures? Ce n'est pourtant guère plus absurde qu'une édition d'auteur grec ou romain sans gravures. Tout livre non illustré ou mal illustré devrait être banni. Je voudrais voir aussi les murs de la classe couverts de cartes, de plans, de gravures. Il faut pour cela de l'argent? Si l'empire avait consacré quelques millions de plus à l'instruction publique, la France aurait peut-être payé plusieurs milliards de moins à la Prusse. C'est aux républiques à montrer qu'elles savent encourager l'art par une instruction au besoin luxueuse, mieux que Louis XIV par des pensions à Corneille... et à Chapelain.

En même temps que le sens et l'amour de la beauté, une éducation vraiment humaine, qui a pour but de répandre chez tous le capital intellectuel, doit développer le sens et l'amour de la vérité scientifique. Mais pour cela, nous l'avons vu, il ne suffit pas d'étudier les sciences particulières et leurs résultats particuliers; il faut encore, il faut surtout s'initier aux méthodes et aux principes universels des sciences, ainsi qu'à leur histoire. Aussi Cournot a-t-il dit avec profondeur : « La *théorie* des sciences,

elle aussi, fait partie des *humanités.* » Or, il y a deux
groupes de sciences dont les principes philosophiques seraient intéressants et facilement accessibles
pour de jeunes esprits : les sciences historiques, les
sciences physiques et naturelles. Nous voudrions
donc voir enseignée, sous une forme très élémentaire, à la fin du cours de seconde et dans le dernier
trimestre, la philosophie de l'histoire ou, si l'on
préfère, la logique des sciences historiques [1]. Quant

1. Le professeur d'histoire ferait étudier les règles de la critique du témoignage humain en matière de faits judiciaires,
puis en matière de croyances (critique des fables et des lé-
gendes, notions très générales de mythologie comparée), enfin
en matière de faits historiques. Définition de l'histoire, son
importance, son utilité; sa méthode : 1° pour établir les faits
par le moyen des témoignages, documents et monuments de
toute sorte; 2° pour expliquer les faits au moyen de leurs
causes générales et particulières; 3° pour juger les faits
d'après les principes de la science morale, sociale et politique. — Tels seraient les principaux points à traiter sous une
forme élémentaire et à l'aide de nombreux exemples. Nous
croyons qu'après cette étude, l'histoire offrirait aux jeunes
gens un attrait nouveau et un nouveau sens, au lieu de leur
apparaître comme une aride nomenclature de faits et de dates,
comme un récit monotone de batailles et d'intrigues de cour.
On se plaint, nous l'avons vu, de voir l'esprit de superstition et
les tendances anticiviques envahir nos grandes écoles. Faites
enseigner aux jeunes gens les lois psychologiques et physiologiques de l'imagination et de l'hallucination, d'où dérivent
les faux miracles, les superstitions du moyen âge, les visions
des illuminés, les possessions du diable, les procès de sorcel-
lerie, montrez-leur comment naissent les mythologies, comment elles se propagent à travers les siècles; familiarisez-les
avec les règles de la critique historique; apprenez-leur à quel
contrôle doit être soumis le témoignage humain pour acquérir une véritable autorité : montrez-leur les caractères nécessaires pour qu'un fait soit scientifiquement prouvé aux yeux
d'une académie de savants; faites-leur analyser un certain

à la philosophie des sciences physiques et naturelles, elle aurait pour but de faire comprendre aux
enfants la méthode des sciences mêmes qu'on leur
enseigne [1]. Si les phénomènes de la nature paraissent merveilleux aux enfants, l'art par lequel
l'homme les reproduit et souvent les produit ne
leur paraîtra-t-il pas plus curieux encore? S'ils s'in-

nombre de mythes et d'erreurs historiques, de crimes juridiques du moyen âge; montrez par quel mécanisme la crédulité
des uns jointe au fanatisme des autres ont engendré ces aber-
rations ; en un mot, développez chez les jeunes gens le sens
historique et scientifique des temps modernes. Cela vaudra
mieux que de les accabler de dates, de petits faits, de petits
détails. L'histoire doit être réduite à ses grandes lignes, à
l'histoire de la civilisation et des institutions; elle ne doit être
détaillée que depuis Henri IV.

1. Définition et classification des sciences expérimentales;
leurs procédés principaux ; l'observation (exemples d'observa-
tions célèbres); l'expérimentation (exemples de grandes découvertes, expériences par lesquelles on y est arrivé); l'induction
et ses règles (exemples empruntés au cours de sciences suivi
par les élèves); l'analogie; les classifications artificielles et
naturelles de Jussieu, Cuvier, Geoffroy-Saint-Hilaire; l'hypothèse et son importance (pages de Claude Bernard sur l'hypothèse); rôle de l'imagination dans les sciences; nature et procédés du génie scientifique; exemples fournis par les grands
savants ; importance de la spéculation désintéressée pour le
progrès même des sciences d'application; histoire générale
des sciences physiques et naturelles, leur état inférieur dans
l'antiquité et au moyen âge, leur essor dans les temps modernes, etc. — Voilà les linéaments d'un programme fort ins-
tructif. Aucun professeur de sciences ne regretterait d'initier
ainsi ses élèves aux méthodes scientifiques, fallût-il pour cela
sacrifier quelques théorèmes particuliers de géométrie ou
d'algèbre, quelques détails de physique ou de cosmographie.
L'intérêt pris par les élèves aux sciences en serait accru. En
revanche, on retrancherait une bonne moitié des programmes
arides d'études scientifiques, pour conserver seulement ce
qui est d'intérêt général.

téressent à une expérience ou à une découverte, ne
s'intéresseront-ils pas à l'expérimentateur et à l'in-
venteur, dont on leur racontera l'histoire et qu'on
leur montrera à l'œuvre? C'est comme si l'œil voulait tout voir et ne trouvait pas de plaisir à se voir
lui-même, au moins à l'aide d'un miroir! Ce n'est
pas seulement en remplissant l'esprit de faits et de
lois abstraites qu'on développe et suscite le véritable
esprit scientifique : témoin certains élèves chargés
de sciences, qui ont cependant aussi peu d'invention
et d'imagination scientifique que d'invention littéraire. L'intelligence, qui mesure tout à elle-même,
ne doit pas négliger de mesurer sa propre valeur, sa portée, ses lois. La logique vivante et
concrète, appliquée aux sciences, opérant sur des
faits et non pas seulement sur des formules, est une
excellente gymnastique pour l'esprit. « De même
que l'anatomiste, dit Helmholtz, quand il se sert du
microscope, doit se rendre compte de son instrument, de même le premier devoir, pour tout artisan
de la science, est d'étudier exactement la portée de
cet instrument supérieur, la pensée humaine [1]. »
Helmholtz, se rappelant à ce sujet les souvenirs de
sa jeunesse et l'état où se trouvait alors la médecine,
montre que l'état rudimentaire de cette science
tenait à l'ignorance de la logique et des méthodes
exactes, à la persuasion où étaient les médecins que

---

1. *Das Denken in der Medicin.*

le bon sens suffit et est supérieur aux règles. Un docteur repoussait l'auscultation « comme un procédé de mécanique grossière par lequel la noble créature humaine est réduite à l'état de machine » ; un autre trouvait « du plus mauvais goût » de compter les secondes sur sa montre en tâtant le pouls du malade ; un autre, dans les maladies d'yeux, refusait d'employer l'ophtalmoscope, « sous prétexte que la nature lui avait donné une assez bonne vue » ; un physiologiste célèbre disait : « Je laisse les expériences aux physiciens, la physiologie n'a rien à y voir. » Ainsi raisonnent encore ceux qui dédaignent l'étude des méthodes et la philosophie des sciences, au lieu de suivre l'exemple de Helmholtz lui-même et, chez nous, de Claude Bernard. Ce dernier n'a-t-il pas donné les préceptes en même temps que les exemples de l'expérimentation, de l'induction, de l'hypothèse scientifique? « Il n'y a de vrai et de durable, a dit encore Helmholtz, que ce qui est fondé sur la méthode. » Or, si on apprend bien aux enfants les règles de la grammaire, je ne vois pas pourquoi on ne leur apprendrait pas, sous une forme concrète, par des exemples historiques et des leçons de choses, les règles beaucoup plus intéressantes de la logique scientifique, qu'il faut bien se garder de confondre avec la logique scolastique.

Commencé en seconde, avec une leçon par semaine (trente-cinq leçons environ par année), le cours d'esthétique et de logique appliquée aux sciences s'achèverait en rhétorique avec le même nombre de leçons. Là serait à sa place l'étude à la fois philosophique, littéraire et historique de la poésie épique, de la poésie dramatique, de l'éloquence et des divers genres en prose. En enseignant les préceptes principaux de la rhétorique, on aurait soin de faire ressortir la vanité et le danger social de toute rhétorique sans pensée, indifférente à la vérité et à la moralité de son objet. Au lieu d'exercer les élèves à la fausse éloquence, comme on faisait jadis, on les mettrait au contraire en garde contre la déclamation, contre la phraséologie creuse des démagogues et des socialistes; on les habituerait par cela même à l'éloquence digne de ce nom, à celle qui, selon Pascal, *se moque* de la rhétorique et qui naît de la force même de la pensée, de la vivacité des émotions, de la sincérité du langage. La vraie éloquence, n'étant que la raison émue, a été appelée avec justesse un mélange de poésie et de logique [1].

En somme, les réformes que nous venons de proposer sont faciles, pratiques, immédiatement appli-

---

1. L'étude des règles de la définition et du raisonnement, celle des sophismes de l'esprit et du cœur, ainsi que l'histoire abrégée des sciences exactes et de leur progrès constituerait un excellent exercice pour les rhétoriciens : elle pourrait arrêter chez eux le penchant à la déclamation et à ce rapetissement des sujets qu'on appelle *amplification*. L'habitude de l'amplification oratoire, qui commence à disparaître des collèges de l'Université, subsiste encore tout entière dans les séminaires et les établissements congréganistes, où aucune thèse ne paraît trop étrange pour ne pas être soutenue, « amplifiée et embellie ».

cables. Elles viennent en aide au travail des professeurs d'humanités; elles coordonnent les idées grammaticales, littéraires, historiques, scientifiques, qui seraient restées sans lien et confuses; elles introduisent dans l'enseignement l'unité et la vie. En élevant le point de vue et en ouvrant des perspectives, elles rendent plus sensibles l'ordre et l'harmonie des détails, plus facile l'orientation des esprits. Elles ne s'adressent pas à une faculté exclusive, comme la géométrie ou l'algèbre, elles touchent à tout, elles donnent des « clartés de tout », comme dit Molière. Elles peuvent par cela même se mêler sans disparate à tous les autres exercices de la jeunesse, grammaire, littérature, histoire, sciences. En donnant lieu à des compositions en français, à des rédactions, à des analyses, à des lettres, à des discours même sur des sujets de morale, d'art, de littérature, de science générale, elles contribuent à l'enseignement de la langue française et apprennent à bien écrire en apprenant à bien juger. Enfin elles ne sont pas moins moralisatrices qu'intéressantes et instructives, puisqu'elles sont l'introduction méthodique des jeunes esprits dans un monde où ils ne font d'ordinaire que des excursions au hasard et sans suite : le monde moral, le vrai domaine de l'homme et des humanités, le plus haut et le plus précieux des patrimoines dans les démocraties.

III. — Ainsi préparé, avec l'esprit ouvert sur toutes choses et sur lui-même, avec des connaissances déjà précises sur le monde moral comme sur le monde physique, notre humaniste, désormais plus digne de son nom, arrive enfin dans la classe de philosophie. Le besoin de traduire toute chose en idée, de raisonner toutes ses croyances et tous ses actes, de remonter aux principes de toutes les connaissances, aux fins morales ou sociales de toutes les actions, loin d'être transitoire et propre à l'enfance de l'humanité, ne fait que grandir avec l'humanité même : il caractérise les temps modernes, il doit caractériser aussi l'éducation moderne dans les démocraties. Nos grandes découvertes dans les sciences physiques et naturelles, nos grandes réformes dans les sciences sociales et les institutions, nous les devons à cet esprit philosophique que Montaigne appelait « une honnête curiosité de s'enquérir de toutes les raisons des choses »; l'âge de maturité, l'âge de raison arrive, pour les sociétés comme pour les individus, quand l'esprit philosophique pénètre dans les intelligences, dans les lois, les mœurs, surtout dans l'éducation.

Le programme des classes de philosophie, déchargé d'un certain nombre de sujets déjà traités dans les classes précédentes, pourra s'enrichir d'additions importantes et selon nous indispensables. Les professeurs et les élèves ayant plus de loisir, ces additions ne seront une surcharge ni pour les uns ni pour les autres.

Nous nous trouvons tout d'abord en face d'un problème qui divise les esprits : quelle sera la place de la métaphysique dans le cours de philosophie ? Les uns veulent la laisser un peu partout, les autres la supprimer entièrement. Pour nous, nous ne voulons rien supprimer, et nous voulons au contraire étendre; mais il faut mettre chaque chose à sa vraie place, sans confusion. Il y a dans la philosophie une partie positive ou scientifique, une partie conjecturale ou métaphysique. La période adulte, pour une science, se reconnaît à l'exacte séparation de l'hypothétique et du certain : tant que cette distinction n'est pas faite, l'astronomie demeure astrologie, la chimie alchimie, la philosophie théologie. Le mélange actuel des questions scientifiques et des questions métaphysiques, dans les cours ou les traités de philosophie, n'est propre qu'à répandre des préjugés injustes contre la philosophie elle-même, d'abord dans l'esprit des élèves, puis dans l'esprit du public, qui finit par englober le certain comme l'incertain dans le même scepticisme. Nous séparerons donc avec soin, dans les programmes et dans les cours, les questions susceptibles de vérification expérimentale ou de démonstration logique, et les questions qui dépassent la portée de l'expérience simple ou du simple raisonnement. Ces dernières, mal à propos introduites dans la psychologie par les auteurs des programmes, doivent être réservées pour la fin du cours, car elles sortent du domaine de la science

proprement dite, malgré les prétendues *démons-*
trations de la liberté et de la spiritualité empruntées aux théologiens par la philosophie traditionnelle. Certaine métaphysique est comme une tour
en ruines que l'éloquence et la poésie peuvent
bien recouvrir de lierre, mais qu'elles ne peuvent
rendre habitable. La première partie du cours de
philosophie sera donc intitulée modestement : *psy-*
chologie expérimentale et scientifique. On en élimi-
nera les considérations surannées sur les *facultés,*
sortes de vertus occultes qui rappellent trop le
moyen âge. On mettra en première ligne les phénomènes les plus voisins de la vie purement physiologique et animale : mouvements, habitudes, habitudes héréditaires, instincts. Puis viendront les faits
de sensibilité et ceux d'intelligence. Quant à la
volonté, on ne l'étudiera ici qu'au point de vue expé-
rimental et d'après la conscience, non au point de
vue métaphysique. Les relations du physique et du
mental devront être constamment mises en lumière,
étudiées à propos de chaque phénomène ou opération psychologique. En un mot, la psychologie
tout entière devra être scientifique, et chaque théorie y sera présentée avec son degré exact de certitude ou de probabilité, comme chaque quantité
algébrique doit, selon l'expression de M. Taine, être
accompagnée de son exposant.

La seconde partie du cours, intitulée *Esthétique*
scientifique ou philosophie de l'art, résumera et

systématisera le cours d'esthétique fait aux élèves de seconde et de rhétorique : on y abordera les hautes questions qu'on avait dû réserver pour un enseignement supérieur et vraiment philosophique. De même pour la troisième partie, intitulée *Logique scientifique ou philosophie des sciences.*

La quatrième partie du cours, intitulée *Morale scientifique*, sera une revision des cours de troisième et de seconde, à un point de vue plus élevé et avec les additions nécessaires. Les postulats métaphysiques de la morale devront être réservés pour une étude ultérieure : on se bornera ici à la partie vraiment positive de la science morale. On y fera aussi, conformément à l'esprit moderne et démocratique, une part plus grande à la considération de l'utilité individuelle et sociale.

La *science sociale* elle-même formera la cinquième partie du cours, avec ses annexes : économie politique, jurisprudence et science politique. L'étude de la société et de ses lois est d'importance capitale pour des êtres appelés à vivre en société et à agir sur la direction de la société même par leurs votes, par leur influence, par leurs travaux professionnels. Quel intérêt et quel profit les jeunes gens ne trouveront-ils pas dans l'examen attentif des questions suivantes, qui ne sont aujourd'hui qu'effleurées dans les cours de nos meilleurs professeurs, faute de temps pour les approfondir : — Objet de la *science sociale*, sa méthode à la fois expérimentale

et rationnelle; part de la *nature* dans le développement des sociétés, analogies et différences de l'organisation sociale avec les organismes vivants; part de
la *volonté* dans le développement des sociétés; supériorité de l'évolution sur les révolutions; expression
des volontés dans le *contrat;* vérités et exagérations
contenues dans la théorie du contrat social; rôle
prépondérant du contrat dans les sociétés modernes;
différents *types de société*, leur classification selon
leur degré de centralisation et de décentralisation;
tendance moderne à réconcilier la liberté individuelle et l'action collective, la propriété individuelle
et la propriété sociale. — Au lieu de n'aborder ces
sujets qu'en passant et à bâtons rompus, comme
nos professeurs sont obligés aujourd'hui de le faire,
ils pourront les traiter méthodiquement et avec
fruit.

Nous passons maintenant à une étude qui dépend
étroitement de la précédente : l'économie politique. Il y a quelques années, nous en réclamions
l'introduction dans l'enseignement; elle a depuis
obtenu une place dans les programmes, mais si
peu sérieuse qu'une étude faite en ces conditions
semble superflue; aussi parle-t-on de la supprimer. Il vaudrait beaucoup mieux l'étendre et la
fortifier. Au lieu de s'en tenir à quelques définitions superficielles ou à quelques généralités, il
faudrait aborder franchement les problèmes relatifs à la propriété et la critique du socialisme.

Enfin, on devrait joindre à l'économie politique des notions de droit, qui comprendraient : 1° la philosophie du droit et le droit naturel : définition, nature et fondement du droit; examen des systèmes qui fondent le droit sur la force et sur l'intérêt; part de vérité qu'on peut emprunter à ces systèmes; rapports du droit avec la liberté, avec l'égalité, avec la fraternité ; principaux droits de l'homme; leur limite dans le droit égal d'autrui; problèmes qui naissent de la collision des droits et moyens généraux de les résoudre ; 2° principes de notre droit civil, ses relations avec le droit philosophique, caractère philosophique de nos codes dans leurs dispositions générales; 3° notions de droit usuel; état civil, mariage civil, testaments, contrats, etc.

Ne craignons pas d'ajouter une étude qui apaise et concilie les esprits quand elle est faite scientifiquement, autant qu'elle les divise et les irrite quand elle est abandonnée à la routine, au hasard, à la polémique des journaux et des partis; je veux parler de la politique. L'instruction secondaire et même supérieure a beau être plus efficace que l'instruction primaire, elle est encore loin par elle-même de développer les capacités politiques. — Jetez un coup d'œil, dit Spencer, sur les bévues de nos législateurs; ce sont là, cependant, des hommes qui ont pris leurs grades universitaires. Prenez seulement un jeune membre du parlement, frais

émoulu d'Oxford ou de Cambridge, et demandez-
lui ce que la loi doit faire, selon lui, et pourquoi ?
ce qu'elle ne doit pas faire, et pourquoi ? Vous
verrez bien que ses études dans Homère ou dans
Sophocle ne l'ont guère mis en état de répondre à
la première question qu'un législateur ait à résoudre. Pour préparer des gens à la vie politique, il
faudrait leur donner une culture politique ; on fait
tout le contraire. Pourtant, quand nous voulons
qu'une jeune fille devienne bonne musicienne,
nous l'asseyons devant un piano ; nous ne lui met-
tons pas un attirail de peintre entre les mains.

A peine nos collégiens auront-ils quitté les bancs,
qu'ils feront de l'économie sociale et de la politique, bonne ou mauvaise ; ils en font déjà parfois
sur les bancs mêmes. Leurs maîtres seront alors
les pires maîtres de tous : les journaux. On sait où
aboutit chez nous cette absence d'éducation politique et économique, qui livre sans défense les
jeunes esprits à toutes les utopies des uns et à tous
les préjugés des autres. N'y a-t-il donc pas dans la
politique des vérités générales qui ont leur certitude ou leur probabilité scientifique, et qui par cela
même peuvent être objet d'enseignement ? N'y a-t-
il pas tout au moins des *faits* qui doivent être con-
nus de tous, à savoir nos institutions mêmes, bonnes
ou mauvaises ? On enseigne aux élèves (sans aucun
des périls sociaux qu'on avait craints d'abord)
l'histoire contemporaine ; pourquoi leur laisserait-

on ignorer nos institutions actuelles, résultat de cette histoire même? Notre constitution a ses principes philosophiques : ces principes doivent être énoncés; elle a ses règles pratiques et son fonctionnement : ces règles et ce fonctionnement doivent être enseignés. Si l'État ne fait pas connaître à ceux qu'il a charge d'instruire les bases mêmes sur lesquelles il repose, comment qualifier cet oubli? L'État sera-t-il fondé ensuite à se plaindre que les congrégations font pénétrer ses propres ennemis dans tous les services publics, qu'elles élèvent une jeunesse toute prête à détester et, au besoin, à renverser nos institutions, dont elle ne comprend ni les principes théoriques, ni les applications pratiques? L'étude des fondements sur lesquels s'appuie la constitution de l'État est, comme on sait, obligatoire aux États-Unis, en Suisse et même en Belgique, où le suffrage universel n'existe pourtant pas encore; elle est obligatoire non seulement pour l'enseignement secondaire, mais aussi pour l'enseignement primaire. En France, une telle étude est plus nécessaire que partout ailleurs. Elle devrait comprendre les matières suivantes, que nos professeurs actuels sont encore obligés de n'aborder qu'indirectement et à propos de la morale : — Définition et objet de la *science politique*. Nature, origine et attributions de l'*État*. Différence de l'État et du *gouvernement*. Origine et attributions du gouvernement. Liberté individuelle et *sou-*

veraineté nationale. Sens vrai et sens faux dans lequel on peut prendre l'expression de souveraineté du peuple. Dangers des systèmes abstraits et absolus. Différents pouvoirs de l'État : *pouvoir législatif, pouvoir exécutif, pouvoir judiciaire*. — Organisation du pouvoir législatif; principe idéal de l'unanimité, substitution nécessaire dans la pratique du principe des majorités au principe de l'*unanimité*. Fondement rationnel et limites rationnelles du pouvoir des *majorités*. Système des deux chambres : *sénat* et *chambre des députés;* fondement rationnel de ce système. — Organisation du *pouvoir exécutif*. Diverses *formes de gouvernement*. Caractère rationnel et philosophique du gouvernement républicain; ses avantages , ses difficultés, qualités particulières qu'il exige des citoyens et des gouvernants. — Organisation du *pouvoir judiciaire*. De la *pénalité* et de son fondement social. — Organisation de la *force militaire*. Armées défensives et armées offensives. Avantages et défauts possibles des armées démocratiques; nécessité croissante de la discipline militaire dans les pays libres; devoirs du soldat. — De l'évolution des gouvernements; des *révolutions*, de leurs causes, de leurs inconvénients, des moyens de les éviter sous le régime du suffrage universel. — Étude de la *constitution française;* chambre des députés, sénat, président, ministres; leurs attributions; moyens d'action réservés aux citoyens; principes du droit constitutionnel français. — Ces questions devraient être étudiées à un point de vue historique et critique, non doctrinaire. On s'attacherait, ici encore, à montrer aux jeunes gens les difficultés des questions et à les prémunir contre les solutions trop simples des utopistes. L'ignorance seule est présomptueuse : elle trouve tout aisé et croit avoir remède à tout; la science est modeste, elle étudie longuement et difficilement les choses qui paraissaient faciles; elle voit le pour et le contre; elle a une vertu d'apaisement pour l'esprit : par cela même elle exercerait une salutaire influence sur notre vive jeunesse française. Ceux qui espèrent maintenir la jeunesse des démocraties dans le calme en faisant le silence sur les questions du dehors et sur les luttes auxquelles elle prendra part le lendemain, sont aussi aveugles que ceux qui espèrent maintenir les peuples modernes dans le *statu quo* en ne leur apprenant ni à lire ni à écrire. N'essayons, a dit M. Du Bois-Reymond, ni de nier, ni d'enrayer la révolution qui se fait dans les idées et les institutions : ce serait imiter l'autruche qui se cache la tête dans le sable.

Nous arrivons à la dernière partie du cours de philosophie : la métaphysique. Il en est qui dédaignent à tort cette étude obscure et ardue, et qui veulent maintenir l'enseignement démocratique près de terre. C'est cependant, comme on l'a dit plus d'une fois, un exercice salutaire pour les jeunes esprits que de

leur faire gravir les hauteurs, respirer l'air des
sommets et la senteur des sapins, fouler du pied
ces hauts glaciers qui semblent d'abord stériles et
d'où, avec les grands fleuves, descend la vie. Il ne
faut pas plus reprocher quelque vague ou quelque
obscurité au métaphysicien qu'on ne reproche au
voyageur gravissant une montagne de traverser
sur sa route un brouillard ou un nuage : l'essentiel
est qu'on voie émerger de la brume les pics lumi-
neux. — D'autres veulent bien conserver l'étude de
la métaphysique, mais ils la renvoient aux facultés.
Ceux-là oublient que le professeur n'est pas obligé
à donner des solutions de toutes les difficultés,
mais, comme nous venons de le dire, à montrer
les difficultés mêmes et à faire l'histoire des principales solutions proposées : ne marquons-nous
pas sur nos cartes les sommets inaccessibles comme
ceux qui ont été gravis? Ils oublient aussi que les
cours de nos facultés sont très peu suivis et que
les études qui leur sont renvoyées deviennent le
partage d'un très petit nombre. Ils oublient enfin
que, si on n'aborde pas les problèmes métaphysiques au collège, on livre par cela même les
jeunes gens, sans aucun contrôle, aux solutions
plus ou moins hasardeuses et contradictoires qu'en
fournissent soit les religions, soit les journaux, soit
les livres de polémique. L'instinct métaphysique est
inné à l'homme : les positivistes auront beau faire,
on se demandera toujours : — Que suis-je? d'où

suis-je venu? où vais-je? La nature est une immense
magie, comme disait le Bouddha; autre est ce qui
paraît, autre ce qui est; quelle est donc, derrière
toutes ces apparences, la réalité qui se trahit et se
dérobe à la fois? — Quand même l'homme ne pourrait acquérir là-dessus une *science* proprement dite,
du moins doit-il toujours chercher à s'en faire
une *opinion* raisonnée. Les positivistes prétendent
que les problèmes dont la métaphysique cherche la
solution n'ont pas encore été résolus; accordons-le.
Ils ajoutent que ces problèmes ne seront jamais
résolus et sont insolubles; accordons-le encore,
quoiqu'ils n'aient point fait la démonstration; la
nécessité de la métaphysique n'en subsiste pas
moins. Que sera-t-elle, dans cette hypothèse?
L'étude critique des problèmes que l'esprit se pose
par une nécessité de sa nature, quoique une autre
nécessité de sa nature le rende incapable de les
résoudre. Est-il vraisemblable que nous soyons faits
pour nous demander toujours ce que nous ne sau-
rons jamais? Peut-être; mais, en admettant cette
doctrine de découragement, il faudra toujours
s'occuper des questions métaphysiques, ne fût-ce
que pour bien déterminer celles qui sont vraiment
insolubles et pour quelles raisons elles sont insolubles. Qui ne connaît le dilemme toujours vrai
d'Aristote : « S'il faut philosopher, il faut philosopher; s'il ne faut pas philosopher, il faut encore
philosopher (pour donner les preuves de cette

assertion); il faut donc toujours philosopher. » Au
reste, de ce qu'un problème n'a pas encore été
résolu, on n'a point le droit de le déclarer insoluble à moins qu'on n'en ait donné, comme disait
Kant, une solution négative parfaitement certaine,
semblable à celle de la quadrature du cercle. Les
positivistes se gardent bien de nous donner cette
solution : ils s'abstiennent, voilà tout, et on a pu
définir spirituellement leur philosophie une *absti-
nence*. Pourquoi donc, leur demanderons-nous
avec Stuart Mill, refuser de laisser « des questions
ouvertes » ? Pourquoi fermer les perspectives sur
l'univers, sur son origine et sur son avenir? Faut-il
empêcher l'homme de lever, « comme l'oiseau, les
yeux au ciel », parce qu'il ne peut l'atteindre?

Les positivistes eux-mêmes sont obligés d'ébaucher une métaphysique de la nature. C'est par cette
partie encore voisine de la science positive, c'est
par la philosophie de la nature ou cosmologie que
devra commencer le cours de métaphysique. La cosmologie est nécessaire aux sciences particulières
pour les ramener à l'unité : de ces diverses sciences sort peu à peu une conception générale du
monde, dont le philosophe doit apprécier la valeur
et le sens [1]. La deuxième partie comprendra les

---

1. Introduisons donc dans notre programme les questions
suivantes : *Problèmes métaphysiques de la cosmologie ou philo-
phie de la nature.* Données de la science et hypothèses métaphysiques. Résumé et histoire rapide des grandes théories scien-

problèmes métaphysiques de la psychologie, de
la morale, de la logique et de l'esthétique [1]. La
troisième, les problèmes relatifs à la théodicée [2].

La méthode d'enseignement, dans tout le domaine
de la philosophie et surtout dans la métaphysique,
ne devra être ni dogmatique ni sceptique. Le ré-

tifiques et métaphysiques sur la nature de la matière, sur les
lois générales du mouvement, sur la conservation de la force,
sur la nature de la vie, sur les différences et les ressem-
blances des végétaux et des animaux, sur l'origine des espèces,
sur la finalité et le mécanisme de la nature, sur la destinée de
l'univers d'après les inductions scientifiques, etc. — Il est bien
entendu que le professeur présentera les hypothèses comme
des hypothèses, non comme des théories démontrées, et qu'il
n'aura d'autre but que de mettre les jeunes gens au courant
de controverses scientifiques ou métaphysiques dont ils entendront parler dès qu'ils auront quitté le collège. Espère-t-
on, par exemple, leur laisser ignorer l'existence de Darwin?

1. Hypothèses, 1° sur l'origine métaphysique des idées;
2° sur la valeur métaphysique des idées et la nature du vrai
(certitude, scepticisme, positivisme, criticisme); 3° sur la
nature dernière de la sensibilité et sur l'essence du beau;
4° sur la nature de la volonté (liberté métaphysique, fatalisme,
déterminisme); 5° sur la loi de la volonté et l'essence du bien
(devoir, droit, morale à priori, morale empirique); 6° sur la
nature de l'esprit et les rapports du physique avec le moral
(spiritualisme et matérialisme); 7° sur la destinée de la personne humaine (problème de l'immortalité). — Toutes ces
questions, mêlées actuellement à la psychologie, à la logique,
à la morale, reprendront leur véritable aspect quand elles
seront traitées à part.

2. 1° Exposition historique et critique des diverses preuves
de l'existence de Dieu; état de la question depuis Kant;
2° exposition historique et critique des hypothèses relatives
aux attributs de Dieu, à la Providence et à l'origine du mal
(optimisme, pessimisme, etc.), et à la religion naturelle. Rapports de la métaphysique avec la morale et avec la science.
Conclusion : distinction nécessaire, dans la métaphysique,
des objets de science et des objets de croyance.

sultat d'une instruction vraiment philosophique n'est pas de fournir aux jeunes gens des jugements tout faits, mais d'éveiller, de faire éclore en eux l'essaim des idées; d'abord un peu indécises et comme bourdonnantes, elles se fixeront ensuite, semblables aux abeilles qui essaiment et ne savent d'abord où poser leur ruche, mais qui finissent toujours par donner leur miel. Victor Cousin croyait que l'enseignement de la jeunesse ne peut être que dogmatique. Pourquoi cela? demanderons-nous. Quelle nécessité y a-t-il de présenter les choses autrement qu'elles ne sont, d'appeler certain ce qui est incertain ou simplement probable, de prendre le ton de Moïse descendant du Sinaï au lieu du ton de la science, qui dit : Nous savons ceci, nous ne savons pas cela, nous sommes ici réduits à telle conjecture, fondée sur telles et telles raisons? On aura beau annoncer une métaphysique *définitive;* les systèmes de métaphysique paraîtront toujours inachevés et auront toujours je ne sais quoi de provisoire. Ce sont des harmonies austères et sublimes, mais à cadence incomplète, qui, se terminant sur une note sensible au lieu d'un accord parfait, font que l'oreille et l'esprit attendent toujours quelque chose encore. Les philosophes ne peuvent qu'ébaucher des fragments d'une symphonie sans commencement et sans fin. Dès lors, la méthode du professeur doit se résumer en deux mots : — Soyez d'une sincérité absolue, d'abord avec vous-même, puis avec les autres. — Si nous avons ici contre nous Victor Cousin, nous avons pour nous Socrate et Kant. Que gagne-t-on, d'ailleurs, à vouloir donner toute la philosophie pour une science positive, toutes les hypothèses pour des démonstrations, toutes les probabilités pour des certitudes? On y gagne de jeter le soupçon et de faire naître le doute même sur les parties solides de la philosophie. On y a tant affirmé de choses douteuses qu'une foule de gens se défient aujourd'hui des philosophes démontrant leurs théories comme des prédicateurs démontrant leurs dogmes. Que devra donc être la méthode, si elle n'est ni dogmatique ni sceptique? — Elle sera historique et critique. C'est de Kant que doivent s'inspirer pour la méthode nos professeurs de philosophie, comme on le fait partout aujourd'hui en Allemagne et même en Angleterre. Après les travaux de Kant en Allemagne, d'Auguste Comte en France, de Hume, de Hamilton et de Stuart Mill en Angleterre, on ne peut plus revenir aux méthodes des derniers siècles. Par ce temps de critique, a dit lui-même excellemment Ernest Bersot, plus d'une croyance mal fondée périra; mais les croyances solides se fortifiront pour résister. C'est la vie en plein air.

Ernest Bersot ajoutait, dans ses conseils aux professeurs de philosophie, que la méthode éclectique « donnait à la raison un surveillant peut-être incommode, mais utile : le bon sens ». Il voulait con-

server ce contrôle, pourvu que le bon sens ne surveille pas la raison « de trop près ». Par malheur,
le bon sens est une chose indéterminable, et la distance à laquelle il doit se placer pour n'être pas
gênant ne l'est pas moins. Nous dirons plutôt que
le vrai contrôle des témérités de la spéculation dans
la philosophie, c'est la science. A elle de marcher
derrière le métaphysicien quand il croit s'avancer
en triomphateur dans un pays conquis, et de lui
dire comme l'esclave au triomphateur antique :
Souviens-toi que tu n'es pas un dieu; souviens-toi
que tu n'es pas l'absolu. — Que les professeurs
prennent l'habitude, comme nous le disions tout à
l'heure, d'établir toujours une distinction sévère
entre les données de la science et les conjectures
de la métaphysique, la science positive, avec son
autorité saisissable, saura les retenir sur terre
mieux que l'insaisissable bon sens, qui n'est souvent lui-même que la routine et le préjugé vulgaire.

Nous nous joindrons d'ailleurs à ceux qui conseillent aux philosophes de rester fidèles à cette
qualité française, la clarté; entendons seulement
par là la clarté vraie et scientifique, qui n'exclut
pas l'art, mais qui exclut à la fois la rhétorique et
la scolastique des formules. Il y a une clarté de
surface; il y en a une autre de fond, qu'on a ingé-
nieusement appelée la clarté à trois dimensions. Ce
n'est pas être clair que de supprimer les difficultés

et les obscurités des choses, quand ces difficultés et ces obscurités existent : si vous êtes sur le bord de la mer, il ne faut pas prétendre en montrer le fond comme vous montreriez celui d'un ruisseau tapissé de petits cailloux; il ne faut pas vous contenter de faire miroiter à la surface un rayon de lumière et de dire : — Voilà l'Océan.

CHAPiTRE III

Les réformes et additions que nous venons de proposer dans l'enseignement de la philosophie ne sont ni moins faciles ni moins pratiques que la ré·forme des classes d'humanités. Elles auraient pour conséquences des réformes parallèles et également faciles dans les examens et concours, dans le baccalauréat, dans la licence, dans l'agrégation, enfin dans l'enseignement supérieur [1].

1. Il serait aisé de faire figurer dans les programmes du baccalauréat une esthétique plus complète, la philosophie des sciences, une morale développée, la science sociale, l'économie politique, le droit usuel, le droit constitutionnel, qui seraient l'objet de compositions écrites et d'interrogations. Pour répondre au besoin de nouveaux professeurs, on devrait réformer de nouveau la licence et l'agrégation. Une licence ès sciences sociales et politiques serait nécessaire. Outre l'agrégation ordinaire de philosophie, qui est trop métaphysique, il est essentiel d'établir une agrégation particulière de philosophie morale et sociale ou, si l'on veut, de sciences morales et politiques. Cette agrégation comprendrait une composition écrite de philosophie, une autre d'éco-

I. Notre enseignement supérieur est, sous le rapport de la philosophie, bien en arrière des universités allemandes : l'Allemagne a plus de cent quarante cours où sont librement abordés les sujets les plus divers, y compris le darwinisme, la critique des religions et les questions sociales; en France, nous avons dans nos facultés une vingtaine de cours, où le professeur s'en tient parfois à des études techniques et abstraites, sans oser toucher directement aux grands problèmes contemporains. La faculté de Paris n'a que trois ou quatre cours de philosophie réguliers ; Leipzig, à elle seule, possède dix-huit chaires de philosophie, Berlin quatorze, Gœtingen huit, Heidelberg sept, Iéna huit, Halle huit, etc.

nomie politique, une autre de jurisprudence; les épreuves orales comprendraient des thèses sur des sujets de philosophie morale, d'esthétique, de sciences sociales, une explication de textes empruntés soit aux moralistes, soit aux jurisconsultes; une leçon sur la morale, une autre sur la science sociale ou l'économie politique, une autre sur le droit ou la politique. On voit les services que rendraient des agrégés de cet ordre. Ils partageraient avec les professeurs ordinaires de philosophie la tâche d'enseigner la philosophie morale ou les sciences sociales aux élèves des classes de lettres, à ceux des sciences et à ceux de l'enseignement spécial. Aux deux maîtres de conférences qui enseignent la philosophie et l'histoire de la philosophie à l'École normale supérieure, on en adjoindrait un troisième chargé d'enseigner la science sociale, l'économie politique, le droit et la politique. — Ces études seraient obligatoires pour les historiens et les littérateurs comme pour les philosophes. Tous les élèves suivraient d'ailleurs avec empressement un cours qui offrirait un intérêt manifeste. Enfin, des chaires de philosophie sociale seraient créées dans toutes les facultés.

Ce n'est pas seulement l'instruction civique primaire et secondaire qu'il faudrait étendre et fortifier : il faudrait créer l'instruction civique supérieure. Cette instruction est ce qu'il y a de plus incomplet en France. En Allemagne, dans toutes les universités, il y a plusieurs chaires de droit public et de science sociale. De même en Hollande, en Belgique et en Italie. C'est une chaire de ce genre que Bluntschli a occupée à Heidelberg : croit-on qu'un professeur de ce talent n'ait pas rendu de grands services dans un cours aussi important ? Chez nous, les lacunes de l'instruction politique supérieure sont si apparentes qu'il s'est organisé à Paris une École libre des sciences politiques, qui réussit. On a dit avec raison que la France, plus que tout autre pays, devrait avoir partout des professeurs chargés d'étudier les conditions du meilleur gouvernement et de communiquer au public le résultat de leurs études, puisque tous les vingt ans la France renverse son gouvernement pour en chercher un meilleur. L'étude scientifique des questions politiques calmerait sans doute cette ardeur de changement, en montrant à tous les difficultés des questions. Au lieu de cela, on se contente des plans d'organisation sociale improvisés par les journalistes. En Belgique, l'État a institué pour les sciences politiques un diplôme qui est un titre de préférence pour les fonctions administratives. C'est, comme l'a remarqué M. de Laveleye, le seul moyen d'avoir un contingent suffisant d'élèves assidus et de répandre dans un pays la connaissance sérieuse des sciences politiques. L'instruction politique supérieure devrait se donner dans toutes les écoles du gouvernement, quelles qu'elles soient, depuis l'École polytechnique ou celle de Saint-Cyr jusqu'à l'École normale. La fréquentation des cours de science politique devrait être strictement obligatoire pour les élèves de droit ou de médecine. Il faut que, dans la démocratie, les classes appelées supérieures soient dignes de leur nom ; il faut que le mouvement vienne d'elles et se répande dans l'ensemble ; mû et dirigé par elles, le suffrage populaire sera, comme on l'a dit, utile par son inertie même : tel le volant d'une machine régularise et multiplie la force du moteur.

L'instruction primaire obligatoire peut être considérée comme un impôt personnel sur l'intelligence, qui est redevable à la société de son développement acquis et lui doit en retour ses services. De même, il y a dans l'instruction secondaire et supérieure des parties qui pourraient devenir obligatoires dans une démocratie : ce serait un impôt intellectuel augmentant, selon la justice, avec la fortune. L'impôt doit être payé en travail, en capital, en talent : ce sont là les trois grands facteurs sociaux. La société protège votre travail ; en retour vous lui devez une part de travail. Elle protège votre capital ; en retour, vous lui devez une part de capital ; enfin c'est elle qui protège votre intelligence et veille à son développement :

en retour vous lui devez une part de vos forces intellectuelles. Il y a là un contrat bilatéral. Il en résulte que les riches absolument oisifs sont des parasites dans une société démocratique. Sans doute on peut dire que leurs capitaux travaillent à leur place. Mais ces capitaux représentent le travail de leurs ancêtres et non un travail personnel; de plus, Stuart Mill a fait voir, dans un théorème de son *Économie politique*, que, dans l'état actuel de la société, le superflu des uns, leur consommation luxueuse et improductive peut priver les autres du nécessaire. Il y a à peine assez pour le nécessaire; donc, si vous employez vos richesses d'une manière irrationnelle et infructueuse, vous faites renchérir le nécessaire. Par exemple, si vous ensemenciez des *latifundia* de fleurs d'agrément au lieu d'y semer du blé, vous priveriez les travailleurs d'une partie de leurs subsistances et vous produiriez une certaine hausse du blé qui retomberait sur les pauvres. En outre, les oisifs peuvent devenir un danger pour la société par leur immoralité. Quoi de plus immoral que la vie de beaucoup de jeunes gens riches, qui se partage entre les femmes, les chevaux et le jeu? Il se produit un abaissement intellectuel des classes riches et des bourgeois enrichis quand leur oisiveté se prolonge et devient endémique. L'héritage est assurément ce qu'il y a de plus légitime : le père qui a personnellement travaillé et épargné a bien le droit de vouloir que ses enfants ne soient pas soumis eux-mêmes à un dur labeur, à un travail matériel fatigant et mêlé d'inquiétudes pour l'avenir. Mais un moraliste rigoureux pourrait soutenir que le droit du père ne va pas jusqu'à introduire dans une société démocratique des parasites et des oisifs absolus. En droit strict, la société pourrait exiger que l'héritier d'autrui travaillât à son tour et personnellement; elle pourrait exiger surtout un travail intellectuel, la fréquentation d'un cours, l'acquisition d'un grade, d'une profession libérale au choix de l'individu, la culture d'un art libéral ou utile, l'exercice effectif d'une profession industrielle ou agricole, l'accomplissement d'une fonction civile ou politique. En Angleterre, il est certaines fonctions que l'État ou la commune ont le droit d'imposer et on ne peut s'y refuser qu'en payant une forte amende [1].

L'impôt du sang, de l'argent et de l'intelligence existe déjà pour tous; l'impôt de l'intelligence doit s'étendre proportionnellement aux facultés et s'accroître à mesure qu'on monte vers les classes supérieures. Il faut favoriser le développement d'une sorte d'aristocratie intellectuelle, nécessaire pour empêcher la démocratie d'être tout entière absorbée par l'idée de l'utilité matérielle et des jouissances

[1]. Une patente pour absence de profession réellement exercée pourrait être aussi exigée des propriétaires rentiers. Si on paie pour avoir le droit de travailler, on doit payer bien plus légitimement, dans une démocratie, pour avoir le droit de ne rien faire.

matérielles. Ne laissons pas se produire en France ce qui se passe en Amérique, où la classe riche est sans élévation d'idées et de sentiments.

II. Aux réformes que nous venons de demander on opposera peut-être une fin de non-recevoir générale, tirée du danger qu'il y aurait à introduire dans l'enseignement les « questions brûlantes ». La défiance est telle à l'égard des questions sociales et politiques qu'on craint d'en parler à la jeunesse et de leur inculquer même les principes au moyen desquels on pourrait les résoudre. On se défie de la théorie par crainte de l'utopie; on ne voit pas que la première seule, quand elle est raisonnée et complète, préserve de la seconde. L'utopie est si peu identique par essence à la· théorie qu'elle est au contraire une erreur de théorie. Par cela même elle est une erreur de pratique. Aussi les théoriciens ne sont-ils pas seuls exposés aux utopies; les praticiens ennemis de la spéculation et de l'enseignement théorique n'y sont pas moins exposés. On pourrait écrire tout un livre sur ce sujet : les utopies des hommes positifs, et les idées positives des utopistes. Le conquérant qui affectait tant de dédain pour les « idéologues » fut lui-même le plus grand utopiste de son siècle; seulement, au lieu de construire ses utopies avec de simples idées, il se servait des hommes comme d'instruments et de l'Europe pour théâtre; c'était une utopie en action, une utopie guerrière et sanglante, ce n'en était pas moins une utopie. Louis XIV appelait Fénelon l'esprit le plus chimérique de son royaume, et pourtant Fénelon, malgré ses chimères, était sur certains points plus près de la vérité que le grand roi : il comprenait la nécessité des réformes, Louis XIV ne la comprenait pas. Toutes les théories des économistes sur la liberté du travail, de l'échange, de l'industrie et du commerce, ont été d'abord appelées des utopies : qui donc cependant était le plus absurde, ou de Turgot demandant la liberté du commerce des grains, ou de Louis XV qui croyait faire baisser le prix des grains en ordonnant d'arracher les vignes de la Bourgogne et de la Franche-Comté? Plus récemment encore, de l'autre côté des Pyrénées, Charles IV défendait, sous peine de galères, de labourer dans trois de ses plus belles provinces, afin que les moutons de la Mesta trouvassent plus d'herbe et quelques grands d'Espagne plus de revenu. Que penser de ce bon sens pratique? En revanche, combien de prétendues utopies soutenues par les philosophes sont devenues des réalités! L'utopie d'aujourd'hui est souvent la vérité de demain : toute vérité nouvelle qui gêne les abus établis a été traitée d'erreur, toute conception d'une justice sociale supérieure a été appelée une doctrine subversive, révolutionnaire, socialiste; toute croyance à un idéal supérieur aux religions régnantes a été traitée d'athéisme.

Il ne suffit pas de fuir la théorie pour éviter l'utopie : une pratique aveugle y est encore bien plus exposée. Si la science commet des erreurs involontaires, l'ignorance en commet bien davantage ; ce n'est pas en laissant les jeunes gens et les hommes mêmes dans l'état d'innocence qu'on les préservera du danger; si on s'égare en marchant vers un but avec méthode, on s'égare bien mieux encore en marchant au hasard et les yeux fermés. Croire qu'un aveugle peut se conduire mieux qu'un homme clairvoyant, croire que la pratique peut se passer de principes, voilà la plus dangereuse des utopies.

— Soit, dira-t-on, nous accordons que la théorie digne de ce nom est le vrai et que l'utopie est le faux, mais la pratique n'est pas seulement la « vérité », elle est la « réalité » : on peut avoir raison en théorie et tort en pratique; le danger de l'enseignement théorique, c'est précisément de pousser à l'adoption d'idées absolues, comme les idées radicales et les idées socialistes. — Nous croyons qu'au contraire l'étude des questions politiques et sociales est propre à faire comprendre la difficulté et la complexité des problèmes, conséquemment à prémunir les jeunes gens et les hommes contre les solutions que l'on pourrait appeler « simplistes ». Au reste, le conflit de la théorie et de la pratique est un préjugé. Il ne faut ni opposer absolument ni confondre absolument les deux termes. Que penserait-on d'un financier qui expliquerait une erreur de calcul, non par une faute contre les vrais principes de l'addition ou de la soustraction, mais par l'opposition de la théorie et de la pratique? « Si je ne trouve pas mon compte et ma balance entre le doit et l'avoir, dirait-il, c'est que deux et deux font quatre en théorie, mais pas toujours en pratique; au lieu de nous perdre dans des spéculations mathématiques, rétablissons la balance en modifiant le total de la seconde colonne pour le faire cadrer avec celui de la première. » A un financier qui raisonnerait de cette manière (et c'est la manière dont raisonnent beaucoup de politiques ou de juristes) on prédirait une ruine prochaine. Dans la science des nombres, toute inexactitude pratique est en même temps une inexactitude théorique. De même, en géométrie, quand on pose mal un problème, ce n'est pas parce qu'on a trop de connaissances spéculatives, mais parce qu'on n'en a pas assez. En mécanique, lorsqu'une spéculation est contredite par l'expérience, on ne conclut pas qu'on a fait trop de théorie, mais au contraire qu'on n'en a point fait assez, qu'on s'est contenté d'une théorie incomplète, qu'on a oublié un des éléments de la question. Si, par exemple, dans la construction d'une machine vous ne tenez pas compte du frottement, votre pratique sera mauvaise; pourquoi? parce que votre théorie aura été incomplète. On se moquerait, dit Kant, d'un artilleur qui soutiendrait que le calcul mathématique du tir des bombes est vrai en théorie, mais faux en pratique parce que l'expérience donne un tout autre résultat que la théorie. En effet, si dans la projection des bombes on tient compte de la résistance de l'air, c'est-à-dire si on ajoute encore à la théorie en général, elle tombera d'accord avec la pratique. Cet artilleur ne pécherait pas par excès, mais par manque de théorie. Les compatriotes de Kant ne nous ont que trop appris, à nos dépens, l'insuffisance dans les arts de la guerre d'une prétendue pratique sans théorie, qui n'est que routine et ignorance; même à la guerre, où le courage personnel a un si grand rôle, la science joue un rôle plus grand encore; à plus forte raison dans les arts de la paix et dans la science sociale. A vrai dire, dans tous les ordres de connaissances la théorie et la pratique ne diffèrent que par la complexité. Cette différence, un bon enseignement ne néglige jamais de la faire voir. La théorie considère séparément les choses qui sont réunies dans la réalité, elle les généralise, elle les abstrait, elle les simplifie. Elle considère par exemple la ligne que suivrait une bombe si la pesanteur ne l'attirait pas vers le centre de la terre, puis la ligne que suivrait la bombe si elle était seulement soumise à la loi de la pesanteur sans être soumise à la résistance de l'air; enfin la ligne que suit la bombe soumise à l'action de la pesanteur et à la résistance de l'air. La théorie est alors à peu près complète, et précisément parce qu'elle est à peu près complète elle se confond presque avec la pratique. On pourra, par exemple, manquer le but une fois sur dix à cause de certaines circonstances particulières impossibles à prévoir, mais on l'atteindra neuf sur dix. Si on ne l'atteint pas toujours, c'est que la théorie, n'étant pas encore complète de tous points, n'est pas égale à la pratique. En un mot, la théorie est une pratique généralisée et simplifiée, la pratique est une théorie particularisée et compliquée. La pratique est un tissu de théories entrecroisées; le fait visible est un réseau de lois invisibles; mieux on sait comment les fils se croisent, mieux on peut reproduire à volonté les dessins que l'on cherche. Il y a donc essentielle harmonie et non conflit entre la spéculation et l'action. Il en est de même dans la science sociale, où le vrai tort des socialistes, comme des économistes exclusifs, n'est pas d'avoir fait de la « théorie », mais d'avoir fait des théories incomplètes, non égales à la réalité des choses.

L'ignorance de la théorie est encore plus déplacée et plus dangereuse dans la science sociale que dans toutes les autres. Cette science, en effet, ayant pour objet la société entière, opère sur les forces les plus puissantes pour le bien ou pour le mal, sur les forces associées des intelligences, des volontés, des passions humaines. En mécanique, quand on agit sur des forces considérables, la routine devient absolument impuissante et la science absolument nécessaire. Avant l'invention des chemins de fer, la routine suffisait pour conduire les « diligences » ; depuis l'invention de la locomotive, la moindre inexactitude dans la construction des machines, des voies ferrées, des ponts et des tunnels, entraînerait les plus graves accidents. Est-ce une raison pour regretter le vieux temps? Non, la statistique nous apprend que le nombre de morts causées par les chemins de fer est très inférieur au nombre de morts causées par les voitures; seulement les accidents de chemin de fer frappent davantage et émeuvent l'opinion. De même, depuis que les grandes masses populaires ont été appelées à la jouissance des droits civils et politiques, il semble que les bouleversements sociaux soient plus considérables; il n'en est rien : l'histoire nous apprend que la guerre et la famine étaient à l'état chronique dans l'ancienne société, qui ignorait les utopies sociales, et que la moyenne de la vie humaine, comme celle du bien-être et de l'intelligence, était jadis inférieure à ce qu'elle est aujourd'hui. Le rôle de plus en plus grand que joue la science n'est donc pas un mal, mais un bien; seulement il impose la nécessité et le devoir, surtout dans les démocraties, de substituer aux tâtonnements d'un empirisme désormais impuissant des théories de plus en plus compréhensives et un enseignement de plus en plus exact. Plus s'accélère la marche des idées et des faits sociaux, plus il est indispensable de les étudier scientifiquement, et de bonne heure, pour éviter les collisions de forces et les conflits qui naissent de la complexité des droits en présence. On a beau parler contre les théoriciens, ce sont eux qui mènent et doivent de plus en plus mener le monde.

Quand les hommes raisonnent, a-t-on dit avec justesse, ils finissent toujours par s'accorder sur plus d'un point. Il n'y a de décidément inutile et de funeste à la santé de l'esprit et à sa liberté que les idées inachevées et obscures. Le but d'une bonne instruction civique est précisément d'éclairer, de définir, par cela même de délimiter toutes ces idées courantes dans un peuple qui, sans cela, restent inachevées, obscures, sans accord l'une avec l'autre, sans points communs, sans directions convergentes. Des théories raisonnées, poussées logiquement assez loin, dans le sens de leurs principes et dans le sens de leurs conséquences, finissent toujours par converger sur certains points : elles révèlent entre elles des harmonies. Tout au moins, après avoir paru d'abord contradictoires et inconciliables, elles apparaissent comme pouvant coexister chacune dans sa sphère et se réconcilier dans une sphère plus large. Il y a toujours du vrai dans les opinions humaines, mais ce vrai n'y est pas délimité, maintenu dans ses bornes : les opinions sont vagues, générales, par cela même poussées trop loin et exagérées : toute opinion non raisonnée est toujours une conclusion dépassant ses prémisses. Le préjugé démagogique et le préjugé aristocratique nous en ont fourni une preuve : l'un s'appuie sur ce que tous ont le droit de participer aux affaires de tous et en conclut que le nombre, par lui-même, constitue le droit; l'autre s'appuie sur ce que toute fonction exige une capacité et en conclut que la capacité seule constitue le droit. De part et d'autre, on dépasse les vraies limites dans lesquelles l'assertion aurait conservé sa vérité et par cela même son harmonie avec l'assertion qui paraissait d'abord contraire.

Dans la pratique comme dans la théorie on n'en finira avec l'erreur qu'en lui prenant sa part de vérité pour la rattacher au fonds commun des vérités acquises. Cette tâche est le principal objet de l'enseignement supérieur. Condamner en bloc une doctrine est aussi impossible que d'exterminer en masse ses défenseurs. Combien n'a-t-on pas tenté, par exemple, de ces réfutations radicales et absolues du socialisme, qui avaient la prétention d'être des Saint-Barthélemy théoriques et qui, pour avoir voulu anéantir d'un coup l'utopie, n'ont fait que lui conserver une place mieux marquée et une attitude plus hostile dans l'ensemble des doctrines? Ne nous lassons point de tenter un rapprochement sinon entre les hommes et les coryphées des théories, personnalités plus ou moins étroites et fermées, du moins entre les idées mêmes, qui sont ouvertes les unes aux autres comme les espaces où se joue une même lumière.

La crise sociale et politique d'aujourd'hui peut être la santé de demain; l'humanité n'avance pas autrement, et quand il s'agit de doctrines, la véritable *vis medicatrix* n'est pas dans la nature, elle est dans la science. La France a été malade la première et sa maladie a été plus violente : c'est à elle qu'il appartient de montrer que, pour un peuple, le secret de se rajeunir est de savoir s'accommoder aux milieux nouveaux, aux nouvelles conditions d'existence créées par le développement de ces forces souveraines et toujours mouvantes : les idées.

CONCLUSION

Les socialistes, nous l'avons vu, rêvent la constitution d'une propriété collective, à laquelle tous participeraient : nous avons montré que cette propriété existe déjà sous diverses formes, qui sont les seules vraiment légitimes et n'ont besoin que d'être perfectionnées. Il existe une propriété foncière collective, une propriété mobilière collective, une propriété politique collective, enfin une propriété intellectuelle collective. Ce sont ces deux dernières qui tendent à devenir les principales par le progrès même de la civilisation. Ne voir la richesse que dans le sol et la terre, c'est juger des temps civilisés par les âges sauvages. Nous avons reconnu que l'antique propriété foncière et immobilière tend elle-même à devenir de plus en plus mobile, à se modeler sur une forme de richesse plus moderne : le capital mobilier. Celui-ci, à son tour, tend à devenir de l'intelligence et de la puissance emmagasinées; c'est comme produit de l'intelligence et comme instrument de la puissance civile ou politique qu'il acquiert une valeur croissante. La richesse sociale prend ainsi des formes de plus en plus élevées, de plus en plus intellectuelles, si bien que le principal des capitaux collectifs deviendra l'instruction.

Dans la lutte des nations pour la vie, l'avenir assurera le triomphe au peuple qui aura compris que la plus haute culture scientifique, morale et politique, est aussi la forme la plus féconde de la propriété sociale. Dans une discussion avec M. Guillaume Guizot, Sainte-Beuve s'écria un jour : « Je ne verrai point, mais je prédis un avenir dans lequel les lois de la physiologie seront transformées en lois sociales et inaugureront dans le monde le règne de l'harmonie universelle. Un Constantin du matérialisme fera cette révolution; mais, à la place d'une croix, il fera briller sur son labarum un scalpel [1] ». Nous ne savons si ce nouveau symbole serait aussi rassurant pour l'harmonie universelle que le croyait Sainte-Beuve, et nous n'aurions pas plus confiance dans un Constantin de la physiologie que dans l'autre. Mais ce que les démocraties, pour ne pas périr, doivent substituer à la piété religieuse, c'est, selon l'expression des philosophes anglais, la « piété sociale ». Ce sentiment, nous l'avons vu, ne peut se dévelop-

1. Voir M. Bertrand-Desormeaux, *Etudes philosophiques*, t. II, p. 369.

per que par l'étude de la morale, de la politique et de l'histoire, jointe à la culture des lettres et des arts si justement appelés libéraux. L'enseignement des sciences physiques et de la « physiologie » n'y saurait suffire. Plus une nation est démocratique, plus elle est portée à être utilitaire, et cependant plus elle a besoin de ne pas être purement utilitaire, de ne pas se laisser entraîner à « l'américanisme ». Le fonds social qui lui est le plus nécessaire, c'est le surperflu esthétique et moral. Le vrai moyen de résoudre les antinomies du suffrage universel, — antinomie de l'égalité politique et du progrès social, antinomie du droit et de la capacité, antinomie des tendances socialistes et de la liberté individuelle, — c'est la diffusion la plus large possible de l'instruction la plus élevée possible, comme capital mis par tous à la disposition de chacun.

La société, ici, n'a qu'à suivre la méthode de la nature : c'est de l'égalité même du milieu que la nature fait surgir des êtres inégaux. Une même culture donnée à des graines permet le triage de celles qui sont fécondes et de celles qui sont stériles. Il en est ainsi de la culture intellectuelle dans la société. Deux ouvriers labourent un champ : il n'y a pas entre eux grande inégalité; vous les instruisez : l'un reste cultivateur, l'autre devient un savant, par exemple un Laplace ou un Faraday [1]. Votre instruc-

1. Faraday, apprenti relieur, comprit sa vocation particulière en lisant un petit traité de chimie écrit pour tous.

tion égale, distribuée largement comme un patrimoine intellectuel, a mis en liberté des forces la-
tentes de supériorité. Il en est de même dans l'ordre
politique. Joint à une instruction universelle, le
droit égal de suffrage n'aura plus pour effet de supprimer le pouvoir directeur de l'ensemble, l'autorité supérieure, mais au contraire de la constituer
par voie de sélection intelligente. Guizot, peu suspect de tendresse pour la démocratie, a parfaitemet
montré le double courant qui doit aller ainsi de la
nation au gouvernement et du gouvernement à la
nation. « Toutes les combinaisons de la machine
politique doivent tendre, d'une part, à extraire de
la société tout ce qu'elle possède de raison, de justice, de vérité, pour les appliquer à son gouvernement; de l'autre, à provoquer les progrès de la
société dans la raison, la justice, la vérité, pour
faire incessamment passer ces progrès de la société
dans son gouvernement. »

Non seulement l'égalité des droits ainsi entendue
ne ferme pas l'issue aux supériorités naturelles,
comme voudrait le faire un socialisme niveleur,
mais les supériorités naturelles, à leur tour, finissent par ramener une nouvelle égalité, avec un
niveau plus élevé qu'auparavant. C'est la principale
différence entre la lutte pour la vie dans le règne
animal et la concurrence dans le règne humain.
L'animal qui, par sélection, a acquis un meilleur
système dentaire, ne transmet sa supériorité qu'à

sa lignée et non aux autres animaux : il produit une sorte d'aristocratie fermée ; dans l'humanité, au contraire, la découverte faite par un peuple, fût-ce celle d'une meilleure artillerie, finit par se répandre jusque chez les autres peuples. A plus forte raison, s'il s'agit des découvertes scientifiques, esthétiques et industrielles : elles aboutissent à des résultats de diffusion démocratique ; elles tendent à devenir une propriété collective. Le tort de la démagogie et du socialisme est de ne considérer que l'inégalité présente, qui élève au-dessus de la foule certains individus ou certaines classes supérieures, sans se demander si cette supériorité, quand elle est naturelle et non factice, n'est pas le germe même d'un progrès égal pour tous dans l'avenir. Mais la vraie démocratie est celle qui vise à l'élévation universelle, non à l'abaissement universel : c'est celle qui prend pour but d'ouvrir l'accès du pouvoir et de la propriété aux supériorités naturelles, quel que soit l'homme, quelle que soit la classe où elles se produisent.

Le seul moyen d'atteindre ce but, c'est, comme nous l'avons dit, d'organiser à tous les degrés, outre l'instruction générale, l'instruction sociale et politique, et de la rendre obligatoire pour les nouveaux électeurs comme pour les éligibles. Si la bourgeoisie et l'aristocratie financière recevaient une instruction supérieure, nous aurions des chambres composées d'hommes instruits en économie

politique, en politique, en histoire, en jurisprudence , conséquemment capables d'accomplir les
vraies réformes sociales sans se laisser séduire par
les utopies. On ne peut ici se fier à la spontanéité des
individus, pas plus qu'on ne peut s'y fier pour l'instruction primaire. Aujourd'hui, les vraies connaissances politiques et économiques font défaut aux classes
privilégiées presque autant qu'au peuple lui-même.
On se plaint de l'incontestable médiocrité de nos
gouvernements; elle vient beaucoup plus des gouvernants eux-mêmes que des gouvernés; elle tient à l'insuffisante éducation des classes dirigeantes, elle tient
à la pénurie d'hommes supérieurs. — Mais, dit-on,
la démocratie est jalouse. — L'envie, répondrons-
nous, est un vice de l'aristocratie comme de la démocratie. En France, la démocratie a t-elle résisté
longtemps aux génies ou aux talents, quand il s'en
est manifesté? Récemment encore, a-t-elle repoussé
Thiers de son sein, tant que Thiers a vécu? Où
sont aujourd'hui les grands talents politiques auxquels le suffrage universel a refusé un mandat? La
science, la justice, la vérité exercent un ascendant
naturel et nécessaire sur tout peuple qui n'est pas
un peuple de barbares. Les individus, les masses ne
demandent qu'à obéir quand une autorité naturelle
existe et se manifeste. On l'a dit avec raison : « Ne
prétendez pas que cette démocratie soit *ingouver-
nable;* constatez qu'elle n'est point gouvernée, et
cherchez sur qui retombent les responsabilités. »

Là où les forces supérieures ne gouvernent pas,
c'est le plus souvent qu'elles n'existent pas; là où
les ignorants font la loi, c'est le plus souvent qu'il
n'y a point d'hommes versés dans la politique; là
où le vice est le maître, c'est que les vertus civiques dont parle Montesquieu sont rares ou dispa-
rues. Si le suffrage universel suppose, en bas, des
hommes capables de choisir, il suppose surtout, en
haut, des hommes dignes d'être choisis.

En Allemagne, c'est un philosophe, Fichte, ce sont
des esprits philosophiques comme Schleiermacher
et Guillaume de Humboldt, qui ont organisé l'instruction nationale à tous ses degrés : primaire, secondaire et supérieur. L'Allemagne a ainsi amassé
un capital collectif de connaissances et de puissance
qui devait fructifier sous nos yeux. Cet essor des
sciences et de la philosophie fut, en réalité, le commencement et la première préparation de ses récentes victoires : il a aussi préparé ce développement
industriel et économique dont nous sommes aujourd'hui les témoins inquiets. Les réformes dans
l'instruction et l'éducation sont les moins utopiques
et les plus fécondes des réformes sociales; les
revanches intellectuelles et morales sont les meilleures revanches politiques, et elles sont la condition première de toutes les autres. « Résister,
disait Fichte dans son onzième discours à la nation allemande, prononcé au bruit du tambour

français, opposer la force à la force, nous ne le pouvons plus, cela saute aux yeux. Notre existence est ruinée. *L'éducation seule peut nous sauver de tous les maux qui nous écrasent.* L'étranger, lui, possède à sa portée d'autres consolations, d'autres ressources que l'éducation. Dût cet objet occuper un instant sa pensée, il est peu probable qu'il s'y arrête. Je compte bien, au contraire, qu'en France les lecteurs de journaux trouveront la chose plaisante et s'égaieront à la pensée que quelqu'un, en Allemagne, a pu attendre de si grandes choses de l'éducation... Et pourtant l'éducation seule peut nous sauver de la décadence... Serait-il vrai que nous ressemblons à l'homme dont le corps étendu et raidi présente l'apparence de la mort ? Il y a longtemps qu'on nous le dit en face, qu'on nous le répète sur tous les tons. C'est bien à peu près là ce qu'on pense de nous. Vous l'avez entendu et vous en avez été indignés. Prouvez donc à ceux qui parlent ainsi qu'ils se trompent, montrez à tout l'univers que vous n'êtes pas ce qu'ils disent, et l'univers entier saura qu'ils ont menti. »

Nous pouvons aujourd'hui nous appliquer les mêmes paroles et les mêmes leçons. L'essentiel de nos réformes, dans une démocratie comme la nôtre, c'est de développer, avec l'esprit civique, l'esprit de désintéressement qui favorise à la fois l'essor de l'art, des sciences, de la morale, de la politique, de l'économie sociale. L'éducation pseudo-classique est

une eau dormante, et toute eau dormante finit par
se corrompre; il faut rouvrir les sources vives et
vivifiantes .C'est aux hautes généralisations des philosophes que la science moderne doit une large
part de ses plus belles découvertes spéculatives, et
c'est à la spéculation désintéressée que la pratique
même doit ses progrès. Descartes, Pascal, Leibnitz,
Lamarck, Gœthe, Geoffroy Saint-Hilaire eussent-ils
aperçu des rapports nouveaux entre les objets s'ils
se fussent parqués dès leur jeunesse, comme le font
trop souvent nos générations, dans des études particulières et exclusives, au lieu de fréquenter cette
région des principes d'où le regard embrasse, à
mesure qu'on monte, un plus vaste horizon? L'esprit
positif, comme le sens du tact, saisit assurément le
solide, mais il ne saisit qu'un objet à la fois; l'esprit
spéculatif, semblable au sens de la vue, aperçoit
de loin et de haut, et découvre dans l'ensemble
les rapports des parties; une intelligence complète,
comme celle des Aristote, des Descartes, des Leibnitz, des Laplace, doit joindre à l'observation des
faits l'amour des idées, et il n'y a point d'instruction complète pour une démocratie sans ces deux
éléments. Le genre humain doit son progrès moral
et social aux chercheurs qui savent poser des questions nouvelles, trouver des méthodes nouvelles,
apercevoir des principes plus généraux et des fins
plus élevées. Toute nation peut mesurer son capital intellectuel, sa grandeur morale, sa force de

résistance et sa vitalité, comme l'a montré lui-même le fondateur du positivisme, à l'énergie de son esprit spéculatif et de son élan théorique; la France en particulier, — qui a transporté dans l'ordre social le culte des principes, sans lequel il n'y a point de démocratie viable, — la France pourrait dire d'elle-même et de son œuvre laborieuse tant de fois interrompue, tant de fois reprise à travers les alternatives du découragement et de l'espoir, ce qu'un de ses plus profonds penseurs disait du travail auquel il avait consacré une vie entière, l'*Esprit des lois :* « J'ai bien des fois commencé, et bien des fois abandonné mon ouvrage ; j'ai mille fois envoyé au vent les feuilles que j'avais écrites : je sentais tous les jours, de désespoir, les mains paternelles tomber; je suivais mon objet sans former de dessein, je ne connaissais ni les règles ni les exceptions, je ne trouvais la vérité que pour la perdre; mais, quand j'ai eu découvert mes principes, tout ce que je cherchais est venu à moi, j'ai vu mon œuvre commencer, croître, s'avancer et finir. » La jeunesse est la page encore blanche sur laquelle s'écrira l'avenir du pays; celle-là, ne l'abandonnons pas au vent, mais que les « mains paternelles » y marquent d'avance, par une éducation vraiment nationale, tout ce qui peut assurer un jour la richesse et la grandeur de la patrie.

FIN

TABLE DES MATIÈRES

COULOMMIERS. — Imp. PAUL BRODARD et Cⁱᵉ.

Librairie HACHETTE et Cie, boulevard Saint-Germain, 79, à Paris

BIBLIOTHÈQUE VARIÉE, FORMAT IN-18 JÉSUS, A 3 FR. 50 LE VOL.

About (Edmond). L'Alsace. 1 vol. — Causeries. 2 vol.
— La Grèce contemporaine. 1 vol. — Le progrès.
1 vol. — Le turco. 1 vol. — Madelon. 1 vol. —
Théâtre impossible 1 vol. — A B C du travailleur.
1 vol. — Les mariages de province. 1 vol. — Le
mari imprévu. 1 vol. — Les vacances de la comtesse. 1 vol. — Le marquis de Lanrose. 1 vol. —
Le fellah. 1 vol. — L'infâme. 1 vol. — Salons de
1864 et de 1866. 2 vol.

Albert (Paul). Chefs-d'œuvre de tous les temps et de
tous les pays : la poésie. 1 vol. ; la prose. 1 vol.
— La littérature française des origines à la fin du
XVIIIe siècle. 3 vol. Variétés littéraires. 1 vol.

Barrau. Histoire de la Révolution française. 1 vol.

Baudrillart. Economie politique populaire. 1 vol.

Berger. Histoire de l'éloquence latine. 2 vol.

Bersot. Mesmer et le magnétisme animal. 1 vol. —
Études et discours (1868-1878). 1 vol.

Boissier. Cicéron. 1 vol. — La religion romaine.
2 vol. — Promenades archéologiques. 1 vol.

Bréal. Quelques mots sur l'instruction. 1 vol.

Byron (Lord). Œuvres. Trad. B. Laroche. 5 vol.

Caro. Etudes morales. 2 vol. — L'idée de Dieu. 1 vol.
— Le matérialisme et la science. 1 vol. — Les
jours d'épreuve. 1 vol. — Le pessimisme. 1 vol. —
La philosophie de Gœthe 1 vol.

Cervantès. Don Quichotte. trad. Viardot. 2 vol.

Chateaubriand. Le génie du christianisme. 1 vol.
— Les martyrs et le dernier des Abencerrages.
1 vol. — Atala, René, les Natchez. 1 vol.

Cherbuliez (Victor). Le comte Kostia. 1 v. — Paule
Méré. 1 vol. — Roman d'une honnête femme. 1 vol.
— Prosper Randoce. 1 vol. — L'aventure de Ladislas Bolski. 1 vol. — La revanche de Joseph
Noirel. 1 vol. — Méta Holdenis. 1 vol. — Miss
Rovel. 1 vol. — Le fiancé de Mlle Saint-Maur. 1 vol. —
Samuel Brohl et Cie. 1 vol. — L'idée de Jean
Téterol. 1 vol. — Amours fragiles. 1 vol. —
Études de littérature et d'art. 1 vol. — Le grand
œuvre. 1 vol. — L'Espagne politique. 1 vol.

Dante. La divine comédie. trad. Fiorentino. 1 vol.

Deschanel (Em.). Etudes sur Aristophane. 1 vol.

Despois (D.). Le théâtre sous Louis XIV. 1 vol.

Du Camp (Maxime). Paris, ses organes, ses fonctions, sa vie. 6 vol. — Souvenirs de l'année 1848.
1 vol. — Histoire et critique. 1 vol.

Duruy. Introduction à l'histoire de France. 1 vol.

Duval (Jules). Notre planète. 1 vol.

Ferry (Gabriel). Le coureur des bois. 2 vol. — Costal
l'Indien. 1 vol.

Figuier (Louis). Histoire du merveilleux. 4 vol. —
L'alchimie. 1 vol. — L'année scientifique (1856-
1880). 25 vol. — Le lendemain de la mort. 1 vol.
— Savants illustres de l'antiquité. 2 vol.

Flammarion (C.). Contemplations scientifiques. 1 v.

Fléchier. Les grands jours d'Auvergne. 1 vol.

Fouillée. L'idée moderne du droit en France. 1 vol.

Fustel de Coulanges. La cité antique. 1 vol.

Garnier (Ad.). Traité des facultés de l'âme. 3 vol.

Garnier (Ch.). A travers les arts. 1 vol.

Girard (J.). Etudes sur l'éloquence attique. 1 v.

Gréard. De la morale de Plutarque. 1 vol.

Guizot (F.). Un projet de mariage royal. 1 vol. —
Le duc de Broglie. 1

Hauréau (B.). Bernar

Hillern (Mme de). La

Hugo (Victor). Odes e
Feuilles d'automne.
— Les voix intérieur
1 vol. — Les conter
des siècles. 1 vol. —
Les chansons des
Théâtre. 4 vol. — N
Bug-Jargal. 1 vol. —
misérables. 5 vol. —
2 vol. — Le Rhin. 3
sophie. 2 vol. — Wi

Ideville (d'). Journal d'un diplomate. 3 vol.

Jacqmin. Les chemins de fer en 1870-71. 1 vol.

Jouffroy. Cours de droit naturel. 2 vol. — Cours
d'esthétique. 1 vol. — Mélanges philosophiques. 1 v.
— Nouveaux mélanges philosophiques. 1 vol.

Jurien de la Gravière (L'amiral). Souvenirs d'un
amiral. 2 vol. — La marine d'autrefois. 1 vol. —
La marine d'aujourd'hui. 1 vol.

Lamartine (A. de). Méditations poétiques. 2 vol.
— Harmonies poétiques. 1 vol. — Recueillements
poétiques. 1 vol. — Jocelyn. 1 vol. — La chute d'un
ange. 1 vol. — Voyage en Orient. 2 vol. — Confidences. 1 vol. — Nouvelles confidences. 1 vol.
— Lectures pour tous. 1 vol. — Souvenirs et
portraits. 3 vol. — Le manuscrit de ma mère.
1 vol. — Histoire des Girondins. 6 vol. — Histoire de la Restauration. 8 vol.

Laugel. Discours et écrits politiques. 1 vol. — L'Angleterre politique et sociale. 1 vol.

Laveleye. Etudes et essais. 1 vol. — La Prusse. 2 vol.

Lee Childe. Le général Lee. 1 vol.

Léhugeur. La chanson de Roland. 1 vol.

Lenient. La satire en France. 2 vol.

Malherbe. Œuvres poétiques. 1 vol.

Marmier (Xavier). Gazida. 1 vol. — Hélène et Suzanne. 1 vol. — Histoire d'un pauvre musicien.
1 vol. — Le roman d'un héritier. 1 vol. — Les
fiancés du Spitzberg. 1 vol. — Mémoires d'un
orphelin. 1 vol. — Sous les sapins. 1 vol. — La
recherche de l'idéal. 1 vol. — Les hasards de la
vie. 1 vol. — En Alsace. 1 v. — Robert-Bruce.
1 vol. — Les âmes en peine. 1 v. — Voyages. 4 v.

Martha. Les moralistes sous l'empire romain. 1 vol.
— Le poème de Lucrèce. 1 vol.

Maunoir et Duveyrier. L'Année géographique
(1876-1879). 3 vol.

Michelet. L'insecte. 1 vol. — L'oiseau. 1 vol.

Montégut. Tableaux de la France : Bourgogne,
Bourbonnais, Forez et Auvergne. 3 vol.

Nisard. Les poètes latins de la décadence. 2 vol.

Ossian. Poèmes gaéliques. 1 vol.

Patin. Etudes sur les tragiques grecs. 4 vol. —
Etudes sur la poésie latine. 2 vol.

Prévost-Paradol. Etudes sur les moralistes français. 1 vol. — Essai sur l'histoire universelle. 2 v.

Saint-Simon. Mémoires et Table. 21 vol.

Sainte-Beuve. Port-Royal. 7 vol.

Saintine (X.-B.). Le chemin des écoliers. 1 vol. —
Picciola. 1 vol. — Seul! 1 vol.

Sévigné (Mme de). Lettres. 8 vol.

Shakespeare. Œuvres, traduction Montégut. 10 v.

Simon (Jules). La liberté politique. 1 vol. — La liberté civile. 1 vol. — La liberté de conscience. 1 v.
— La religion naturelle. 1 vol. — Le devoir. 1 vol.
— L'ouvrière. 1 vol. — L'école. 1 vol. — La réforme de l'enseignement. 1 vol.

Simonin. Le monde américain. 1 vol. — Les grands
ports de commerce de la France. 1 vol.

Taine (H.). Essai sur Tite-Live. 1 vol. — Essais de
critique et d'histoire. 1 vol. — Nouveaux essais.
1 vol. — Histoire de la littérature anglaise. 5 vol.
— La Fontaine et ses fables. 1 vol. — Les philosophes français au XIXe siècle. 1 vol. — Voyage aux
Pyrénées. 1 v. — M. Graindorge. 1 vol. — Notes sur
Un séjour en France de
yage en Italie. 2 vol.
enevoises. 1 vol. — Rosa
presbytère. 1 vol.
d'œuvre des littéra-
e. 57 vol.
de Constantinople. 1 vol.
l'année géographique.
vol.
us-Christ. 1 vol. — La
Terreur. 2 vol. — Jeanne
n. 1 vol. — Les Anglais
etits romans. 1 vol.

Chronique du siège de Paris. 1 vol.

Coulommiers. — Typ. PAUL BRODARD et Cie.

www.ingramcontent.com/pod-product-compliance
Lightning Source LLC
Chambersburg PA
CBHW070735270326
41927CB00010B/1999